Hermann Krone

Isis und Osiris

Lieder und Skizzen

Hermann Krone

Isis und Osiris
Lieder und Skizzen

ISBN/EAN: 9783744626316

Hergestellt in Europa, USA, Kanada, Australien, Japan

Cover: Foto ©Thomas Meinert / pixelio.de

Weitere Bücher finden Sie auf **www.hansebooks.com**

Isis und Osiris.

Lieder und Skizzen

von

Hermann Krone.

Dresden.

Hermann Krone's photographischer Kunstverlag.

Leipzig, bei Hermann Fries.

1874.

Inhalt.

B. Osiris' Weinlieder.

C. ΙΣΙΣ ΠΕΡΙΠΑΤΗΤΙΚΗ.

Widmung.

———

Der Minne Herz und Hand,
Mein Arm dem Vaterland,
Dem Freund mein froh Gemüth,
Der ganzen Welt mein Lied.

Dresden 1874.

Der Autor.

A.

Hic Sais.

1. Reminiscenzen.

I. Sternwarte.

Dein gedenk' ich so gern, wo wir in alter Zeit
Pflagen Wissen und Scherz! Steter Erinn'rung werth
　　　　Bliebst Du mir, Viadrina,
　　　An dem grünenden Oderstrand.

Hoch auf schwankendem Dach raget die Warte kühn
In die Lüfte. Wie oft saß ich in stiller Nacht
　　　　Mit dem würdigen Lehrer,
　　　Auszuspäh'n in den Weltenraum!

Bald der Metis es galt und der Parthenope
Bahnberechnungen, bald Jupiters, Tag für Tag
　　　　Seine vier Satelliten
　　　Einzutragen im Uranus.

Auf dem Monde sodann maßen wir Bergeshöh'n,
Lichtvergleichungen bot Omikron Ceti uns,
　　　　Und die Flecken der Sonne
　　　Wurden graphisch auch conterfeit.

Photographisch wohl auch! Schreckliches Jod und Brom,
Sternwart'=Räucherung blieb's Jahre lang noch darnach!
    Und der helfende Melzer
      Mußte putzen aus Leibeskraft.

Rothkirch's eiserner Fleiß rechnete fort und fort,
Mühlfeld's Zirkel und Stift zeichnete Bahnen auf,
    Sternbedeckungen=Meister
      Blieb der rastlose Sadebeck.

Günther, fleißiger Mann! Immer der Pflicht getreu,
Gern dem Strebenden Freund, sahest Du Jahr um Jahr
    Vor dem forschenden Rohre
      Dir enteilen zur Ewigkeit.

Unvergeßliche Zeit! Ueber dem Kaiserthor,
Wo magnetische Kraft unserer Forschung Ziel,
    Schloß beim Klange der Laute
      Mit Georg ich den Herzensbund.

Kam die sinkende Nacht, stellte Papa sich ein,
Selbst mit kundiger Hand braut' er den Mokkatrank.
    Einst, ich muß es gestehen,
      Fand er schlafen mich vor dem Rohr.

Seitdem rollte die Zeit rastlos; der blaue Raum
Ist Dir, Meister, wohl jetzt minder geheimnißvoll!
    Boguslawski, Du Edler,
      Dein gedenk' ich für alle Zeit!

———

II. Studium und Photographie.

Mein lieber würdiger Meister,
Der treffliche Duflos spricht:
Noch kennen wir Alle des Lichtes
Geheimes Wirken nicht.
  Drum, da ihr Lust verspüret,
  So macht euch wacker daran,
  Seht, was das Photographiren
  Der Wissenschaft nützen kann!

s'War Anno dreiundvierzig;
Da fing ich mit Marbach an;
Der blieb, bis zur baldigen Hochzeit,
Der Sache zugethan.
  Es ward aus Cigarrenkisten
  Und improvisirtem Wust
  Ein Apparat gezaubert —
  Das war eine Hexenlust!

Ich kletterte auf dem Boden
Auf's flache Zinkdach hinaus —
s'War allemal eine Freude
Dem Nachbar im Nebenhaus.
  Und als in den Hof hinunter
  Der Wind mit Ach und Krach
  Gefegt den ganzen Plunder —
  Da gab's viel Ungemach!

Kleinmüthig schlich ich fürder
Zu Gravenhorst in's Colleg',
Zu Duflos und Boguslawski
Und Nees von Esenbeck.

Mein hochverehrter Goeppert
Den Muth mir wieder erhob —
Es wurde ein Plan geschmiedet
Beim Zeichnen am Mikroskop.

Drauf Purkinje, der Professor,
Mein würdiger Lehrer, lieh
Seinen Apparat. Nun gelang es
Im Hofe der Anatomie.
　　Dann ward durch fleißiges Zeichnen
　　Und weise Sparsamkeit
　　Ein Instrumentchen erworben,
　　Das diente mir manche Zeit.

Und hatt' ich in der Wochen
Studirt und lithographirt,
Ward Sonntags auf's Dach gekrochen
Und tapfer photographirt.
　　So ist es seitdem geschehen,
　　Daß meine Wahl ich traf,
　　Ich konnt's nicht wieder lassen
　　Und wurde Photograph.

Und so hab' ich bis heute
Studirt und photographirt —
Das Studium des Lichtes
Wird nie zu Ende geführt.
　　Doch was ich vom Licht erfahren,
　　Und wie es wirkt und schafft,
　　Das muß ich weiter verkünden
　　Zu Ehren der Wissenschaft.

2. Der Biela'sche Comet.

———

Ein Häuflein Weltendunst wollt einst
Vor vielen tausend Jahren
Als Stern hinaus in alle Welt
Und um die Sonne fahren,
  Wie's manchmal so geschah.
  Ja ja.

Die Sonne strahlt voll Majestät
So manchem armen Schlucker.
Auch dieser fuhr nun als Comet.
So fand ihn Biela's Gucker —
  Er war auf einmal da.
  Ja ja.

O wär' bescheiden seine Bahn
Er unversehrt gezogen!
Doch eitler Hochmuth hat den Schelm
Elendiglich betrogen —
  Wie's manchmal so geschah!
  Ja ja.

Ich bin nun groß. Mein leerer Kopf
Soll mich nicht sehr geniren,
Will interplanetarisch mich
Jetzund habilitiren:
  Ich komme jetzt, Platz da!
  Ja ja!

Er kam und blieb, gesagt, gethan;
　　Man sah ihn ziehn und laufen.
Doch bald ging seine Strafe an,
　　Denn er begann zu raufen;
　　　　Ich bin nun da — Platz da!
　　Ja ja!

Just bei der ersten Rempelei
　　Fuhr er in zweeen Theile
Und blieb aus Furcht vor Schmach und Hohn
　　Verborgen eine Weile,
　　　　Der hier, der andre da.
　　Ja ja!

Schiaparelli's Theorie
　　Lehrt' auf ihn vigiliren —
Bald wußten Bruhns und Weiß ihn auch
　　Herauszuspioniren;
　　　　Er bummelte allda!
　　Ja ja.

Zerstoben ist der arme Tropf
　　In Millionen Stücken,
Kein Doctor kann das Quodlibet
　　Jemals zusammenflicken!
　　　　O aetas invida!
　　Ja ja.

Als Ringschwarm muß er seine Bahn
　　Rund um die Sonne kreisen,
Als Schlangenbild der Ewigkeit
　　In'n eignen Schwanz sich beißen!
　　　　Wir aber sind noch da —
　　Ja ja,

Und fahren wir mit Sang und Klang
  Durch den Cometen-Plunder, *)
So glimmen seine Schnuppen auf
Als Meteorstein-Zunder
  Aus der Andromeda!
  Ja ja,
  Sic transit gloria!

3. Crater Linné Mädler.
(A im Mare Serenitatis auf dem Monde.)

Es war uns auf Erden das Alte
  So fertig und so bequem,
Da plötzlich erscheint auf dem Monde
Ein neues Linné'sches System.
  Ich hielt ihn für steinern und ruhig,
  Für conservativ, den Patron —
  Da poltert er neue Bewegung,
  Statuten-Revision!

Mein Lieber, das nimmt dich so Wunder?
  Schau Santorin und das Meer —
Kocht's nicht im Vesuv und im Aetna,
Und auf Erden noch Anderes mehr?
  Die Mutter Isis ja selber
  Die Bahn des Fortschrittes brach —
  Und was von den Großen sie sehen,
  Das machen die Kleinen gern nach.

*) Durchgang der Erde durch den aufgelösten Biela'schen Cometen 1872 Nov. 27.

4. Sonnenfinsterniß.

(18. August 1868.)

———

Ihr preiset mich als Königin
  Und nennt mich hold und schön,
  Und dennoch wißt ihr Alle schlecht
  Mit Damen umzugehn!

Sucht mein ätherisch Lichtgewand,
  Das meinen Leib umschließt,
  Im Finstern — schaut ihr auch den Duft,
  Der um die Rose fließt?

Durchstört nach meines Scheitels Zier
  Mein sittsam Boudoir,
  Dreht als Protuberanzen euch
  Chignons von falschem Haar!

Neugierig blicket ihr nach mir
  Und streitet um mein Licht;
  Den Erdendunst, in dem ihr lebt,
  Den kennt ihr selber nicht.

Ihr jagt dem Schatten nach, den Mond
  Als Lichtschirm in der Hand,
  Und glaubt, des Lichtes Wesen wird
  Nur wo es fehlt erkannt.

Mit Nichten! Aug' um Auge sei
  Getreulich observirt,
  Daß keine Kutte zwischen uns
  Als Neumond sich postirt!

5. Der Durchgang des Merkur.

(Bei bedecktem Himmel, am 5. November 1868.)

(Die Scene zeigt einen Bummler vor dem Gasthaus „Zur Sonne".)

Sie haben zu schleunigster Reise
Den Cours mir dirigirt,
Mir günstige Nebengleise
Mit Zwangspaß inhibirt!
 Ich wandle am frühen Morgen,
 Durchkältet von Thau und Wind,
 Und möcht' mir da drinnen borgen,
 Was ich im Ranzen nicht find'.

Es zielen die Wächter von Ferne
Nach mir mit neidischem Rohr —
Just ihnen entschlüpft' ich so gerne,
Mir schießt doch Keiner 'was vor.
 Hinein denn! Ich kann nicht vom Flecke!
 He, Wirthschaft, einen Schnitt!
 Wird's hell, bin ich längst um die Ecke —
 Für diesmal fangen's mi nit!

---

6. Geologische Symphonie.

I.

Ein Männlein und ein Fräulein
 Zum Paaren sind gemacht;
 So auch an den Welt=Atomen
 Zwei Pole, wie Tag und Nacht.

Drum war auch gleich am Anfang
　　Jedwedem Pünktchen so wohl —
Das gab ein Lieben und Freien
　　Am ungleichnamigen Pol!

Und waren erst zwei beisammen,
　　Vermehrte sich bald das Paar,
Bis daß aus lauter Liebe
　　Der Erdball fertig war.

II.

Und als sie nun erfahren,
　　Wie wohl die Liebe thut,
Entbrannte der jungen Erde
　　Das Herz in Flammengluth.

Es wallt' ihr tief im Busen
　　So glühend und liebeheiß,
Das droht' ihr gar zu sprengen
　　Ihr knappes Kleid von Gneis.

Durch krystallinische Schiefer
　　Aufjauchzte der Granit.
Der hat auf Erden gesungen
　　Das erste Liebeslied.

III.

Es fingen auf hoher Zinne
　　Duett bei Mondenschein
Ein Kater und eine Kieze
　　Wohl in die Nacht hinein.

So ward auch den Polen beiden
  Ganz musikalisch zu Muth;
  Sie sangen in Liebesverschmelzung,
  In steigender Liebesgluth.

So sangen sie um die Wette,
  Er tiefen Baß, sie Alt —:
  Die ersten Liebesduette
  Auf Erden sang der Basalt.

IV.

Adagio maestoso
  Es aufwärts quillt und zieht;
  Es thürmen sich Berg' aus Liebe
  Trachit und Phonolith.

Es tönt aus dem Innern der Erde
  Manch Scherzo und Menuett,
  Als ob ein tertiärer Cantor
  Es einstudiret hätt'.

Porphyre weinen ein Largo,
  Ein sentimentales, aus;
  Im Andantino und Presto
  Rauscht Melaphyr heraus.

Im musikalischen Jubel,
  Crescendo: Polygamie!
  Das macht die erste verliebte
  Geologische Symphonie!

7. Eozoon canadense.

Ich weiß nicht, was soll es bedeuten —
Der Urkalk zitterte schon —
In alter Laurentian-Gruppe
Das neue Eozoon?
　Und wär' es ein Vieh gewesen,
　Das Glimmerschiefer fraß,
　So wär' doch zu kannibalisch,
　Zu herrlich wäre der Spaß!

Oldhamia aber, die alte,
　Sich nicht verdrängeln läßt,
　Sie ruft aus der Cambrischen Wacke
Ihr Veto mit Protest,
　Im Namen der Trilobiten.
　O sagt, was ist es doch?
　Es ist ein langes gewundnes
　Und aufgeschichtetes Loch.

8. „Wo bist du hingekrochen, o Labyrinthodon?"

In urgebärender Physis
　Schuf einst mit großem Fleiß
　Frau Gaea, vel Mutter Isis,
　Ihr Fundament von Gneis.

Magst ahnen du in der Puppe
　Des Falters Leben schon?
　So in der Laurentian-Gruppe ·
　Erstand das Eozoon.

Das sprach: Ich Erster, Weiser,
　Will herrschen hier allein!
Es machte dem neuen Kaiser
　Selbst friedlich Platz der Stein.

Doch als zum Tag geworden
　Die Morgenröthe der Welt,
Hatt' Leben aller Orten
　Sich tausendfach gesellt.

Oldhamia hatte begonnen
　Den bunten Reigen schon.
Manch Genus war dann verronnen
　In mancher Formation.

Grauwacken, Kohlen und Dyas,
　Das ganze Publikum
Bis zur beginnenden Trias,
　Wie's Fischen ziemt, blieb stumm.

Sie mußten es Alle dulden,
　Daß Er der Erste blieb,
Und sich, trotz aller Schulden,
　Selbst auf den Zettel schrieb.

In Muschelkalk und Keuper
　Begann ein lustiger Tanz;
Sie wiegten stolzer die Häupter
　Im Ammonitenkranz.

Woll'n selber Recht uns sprechen
　In unserm Reiche schon —
Der Morgen graut anzubrechen
　Der Juraformation.

Die Ichthy- und Plesiosauren,
  Der Pterodaktylus schon,
  Die riefen: Uns läßt versauern
  Das alte Eozoon!

Was weiß der Alte zu Hause,
  Was uns zum Heil ergeht?
  Er sitze in seiner Klause
  Und spiele Majestät.

Da lief im bunten Sandstein
  Ein Latschhans hin und her —
  Das Labyrinthodon glaubte
  Wohl Wunder, was es wär',

Und lief bei nächtlicher Weile
  Zum Alten in das Haus,
  Und brütete dumpfe Pläne
  Wohl mit dem Alten aus.

Als wieder zum Tag geworden
  Das neue Morgenroth,
  War wieder Fried' auf Erden
  Und aus war's mit der Noth.

Wo aber sitzt der Kleine
  Und schmollt in seinem Thon?
  „Wo bist du hingekrochen,
  O Labyrinthodon?"

Ich sah deiner Tatzen Spuren,
  Und wo dein Schwanz gepatscht —
  Was hast du für die Nachwelt
  Nicht besser dich abgeklatscht?

O, daß ihm Niemand raube
Den schützenden Patron,
Ist es in's Loch gekrochen
Dem alten Eozoon.

~~~~~~

9. Andrias Scheuchzeri.
(Sieboldia maxima.)

„Der Unglücksmenschen=Rest
„Wird gleichfalls ausgegraben,
„Wodurch wir mehrern Grund
„Zu der Verschüttung haben.

„Betrübtes Beingerüst
„Von einem alten Sünder,
„Erweiche Sinn und Hertz
„Der neuen Boßheitskinder!“ —

Scheuchzer, Physica sacra I., pag. 66,
Tab. XLIX. (1731.)

Ich soll ein Mensch nun sein,
Ein alter Sünder heißen?
Und lernt' als Vieh doch stets
Der Tugend mich befleißen!

Ich überheb' mich nicht,
Ihr thut mir zu viel Ehre!
Wär' gern ein Mensch, wenn ich
Kein Salamander wäre!

Ich will euch Bosheitsvolk
Die Seligkeit verschreiben,
Kommt nur zu mir und lernt
Das Salamander=Reiben!

10. Polarlicht.

Am mitternächt'gen Horizonte glüht
Ein strahlenloser Feuerball, die Sonne.
In bunten Flammengarben aufwärts sprüht
Es hoch aus einer tiefen schwarzen Tonne.

Was rührst du, Mann in Robbenfell genäht,
So unaufhaltsam des Polarlichts Gluthen?
Ha, schaut es selbst, doch schnell, es ist schon spät,
Die Schmiere friert mir sonst, man muß sich sputen!

Was schmierst du alter Kämpe denn, sag' an,
Was hast du hier am Pol herumzustören?
Die Erdenachse! Sagt's dem Petermann!
Habt ihr sie etwa jemals quietschen hören?

11. Erdstoß.
(6. März 1872.)

Im Innern der Erde erdröhnte
Ein gar verdächtiger Laut,
Als säß' ihr in den Därmen
Noch Futter unverdaut.

Wohl hat sie Manches verschlungen
Mit unersättlicher Gier,
Man glaubte, daß sie Alles
Auch pure assimilir'.

Was ihr von Natur gebühret,
O das verdaut sie schon —
Doch hat sie vor Aufgedrung'nem
Begreifliche Aversion.
Ganz recht, dann ist Vomiren,
Purgiren ganz gescheut!
Ihr liegt zu schwer im Magen
Die neue Unfehlbarkeit!

12. Die Eiszeit.

Huhu, wenn nur bald der Noah käm',
Daß er den Wein erfände!
Die Kälte wird bald unbequem,
Man erfriert sich Nasen und Hände!

Zu Eis wird Alles, bergauf, bergab,
Bis in die tiefsten Höhlen —
Vor Kälte schon stürzen die Felsen herab
Hoch oben von den Kjölen!

Die Hitze erstarrt zu festem Gestein —
Das soll der Teufel holen!
Sie fährt vor Frost in die Erde hinein
Und wird zu lauter Kohlen!

2

Ach lieber, heiliger Florian,
    Laß eher die Welt verbrennen,
Und laß uns lieber himmelan
    Bis in die Sonne rennen!

Das Mammuth pustet: Das ist zu viel!
    Was sind das für faule Geschichten!
Du alter Krakehler, wart, ich will
    Das später weiter berichten!

Der Atavus ist im selbigen Jahr'
    Elendiglich erfroren,
Die Kälte hat ihn mit Haut und Haar,
    Ja selbst seine Knochen, verzoren!

So geht's, wenn Einer zu laut krakehlt,
    Wird er ein wenig geschunden —
Das Mammuth fand man, das hat's erzählt,
    Der Atavus blieb verschwunden!

13. Das Mammuth bei Pirna.

Als das Diluvium verann
    Bei Pirna im Sachsenlande,
Da lag ein Mammuth gebettet still
    Im Löß auf Quadersande,
        Und dachte: Was nun auch kommen mag;
        Das Menschenvolk beschreib' es —
        Ich erwarte nun hier den jüngsten Tag
        Und die Auferstehung des Leibes.

Der Sand war lange schon Felsgestein
Und ward zu Quadern gehauen,
Man fuhr auf der Elbe ihn weit hinein
In's Land zum Häuserbauen.
　Die Menschen führten das Regiment,
　Das Mammuth war verschwunden.
　Da hat man im Schlamm verborg'ner Kluft
　Den alten Gesellen gefunden.

Der Steinbrecher hat seinen Großnahn
Am Mammuth scheußlich gerochen!
Er hieb es in Stücken kurz und klein
Und schonte nicht einen Knochen!
　Darum, wer Werg am Rocken hat,
　Der merke zu Nutz und Frommen:
　Es hüte sich vor dem Philistervolk,
　Wer „zu tief in die Kreide gekommen"!

14. Der letzte Pfahlbauer.

Schwarze Schatten sind versunken
In den tiefen stillen See,
Auf den glatten Wasserspiegel
Fließt das Mondlicht von der Höh'.
Eine dunkle Riesenzunge
Ragt das Pfahldorf in den See.

Ringsumher ein dumpfes Schweigen,
Steinern ruhig — todtenstumm.
Ha, dort drüben aus der Hütte

Schleicht ein Mensch — er blickt sich um —
Er, der Letzten Letzter, wandelt
Trauernd, einsam noch herum.

Weh, ich seh' um jene Berge
Ein Pygmäenvolk erstehn,
Unsrer Väter Hütten faulen
In den heimathlichen See'n —
Weh, so muß auch ich verschwinden
Schattenlos — und untergehn!

Sprach's. Das letzte Torfschwein opfert
Er dem Mond — die Steinaxt blinkt —
Er verzehrt's bis auf die Knochen,
Deren Mark er traurig trinkt —
Dann — verzehrt er still sich selber —
Nur ein Küchenrest — versinkt —.

15. Ode.

Wann zuletzt durchstreiftest du, Riesenvogel,
Eilend weitausschreitenden Gang's, Neuseeland?
Schaun wir je dich wieder durch Atavismus,
    Stolzer Dinornis?

O daß Keiner deiner zu schonen wußte!
Mußte Dich, schwerfälliges Bild der Dummheit,
Dummheit selbst ausrotten, dich, Owens Taube,
   . Didus ineptus!

Du auch gingst! Kaum kehrest du je uns wieder,
Grauer Steinzeit fetter Genoß, auch uns noch.
Doch dein Leibrock, bis er zerfällt, verblieb uns,
    Alca impennis!

16. Der wahre Atavus.

Wer war mein Urahn? Forscht' einmal,
Ein stolzer Graf im Ahnensaal —
    Und deutlich war es dort zu lesen
    Das sei ein Herr Baron gewesen.

Wer war mein Urahn? Also frägt,
Was Lebensodem in sich trägt;
    So frägt der Mensch, so frägt der Affe,
    So frägt der Philosoph, der Pfaffe.

Nun kommt der Vogt, und der beweist,
Das Wesen, das man Urahn heißt,
    Das war kein Mensch, das war kein Affe,
    War weder Philosoph, noch Pfaffe.

Nun, Einer war's doch, das ist klar.
Ganz recht, nun weiß ich, wer es war:
    Der Urahn aller Erdenwesen,
    Das ist ein Herr Baron gewesen.

17. Die Wurst.

Giebt es ein Geschöpf auf Erden,
Das dem Menschen nahe steht?
Vielleicht menschliche Beschwerden,
Menschlichen Genuß erhöht?
 Ja, es giebt ein solches Wesen,
 Das dem Menschen steht so nah,
 Dieses Wesen auserlesen
 Ist die Wurst! Hallelujah!

Deine Phantasie wohl malt dir
Anders aus den äußern Schein?
Nein, dies anspruchslose Schaltthier
Soll nun deine Tante sein.
 Sittsam, ohne Prunk und Schimmer,
 Trägt sie stets dasselbe Kleid;
 Ernst und ruhig, würdig immer
 Bleibt die Wurst zu jeder Zeit.

Niemals wild noch ungezogen,
Selbst von früher Jugend an;
Freundlich bleibt sie dem gewogen,
Der ihr freundlich zugethan.
 Neidlos sieht sie Andre steigen
 Und verachtet Schmeichelei'n;
 Philosophisch weiß zu schweigen
 Stets die Wurst, wenn Andre schrein.

Einfach ist ihr Organismus,
Doch sympathisch allerwärts
Wirkt ihr Lebensmagnetismus
Auf des Menschen fühlend Herz.

Weh, wenn ihr gering sie achtet!
Nein, sie steht dem Menschen nah,
Und ein guter Mensch, der trachtet
Stets nach Wurst! Hallelujah!

18. Das Lied vom Schimmel.

„Im Ameishaufen wimmelt es,
„Der Aff' frißt nix Verschimmeltes —"
Und. also zeigt der Vetter zart,
Daß er nicht schlägt aus echter Art;
Er sieht, wie jeder weise Mann,
Dem Schimmel gleich die Sporen an.

Doch ohne Schimmel wär' zum Theil
Das Leben voller Langerweil'!
Man könnt' sich nicht beim Glase Wein
Des Brotes und des Schimmels freu'n!
Ja nicht einmal ein Tröpflein Bier,
Auch keinen Essig hätten wir.

Selbst Diphtherie und Cholera,
Die wären ohne ihn nicht da,
Ganz anders lebte Mensch und Thier.
Darum dem Schimmel bringen wir
Am rechten Platze früh und spat
Ein donnernd Viv= und Pereat!

19. Menura superba.

Im tiefen australischen Urwald
  Da zaubern in stolzer Pracht
Alsophila und Dicksonia
  Eine grüne Waldesnacht.
    Hoch ragen Cunninghams Buche
    Und Akazien riesig empor,
    Die Baumfarrn spannen die Wedel
    Ueber Schilf und schwellenden Moor.

Da bricht aus dem schattigen Dickicht
  Ein Menurus und gräbt und gräbt;
Darauf er die prächtigen Schwingen
  Zum Hüpfen und Tanzen hebt.
    Nicht greift er in die Leier,
    Die ihm Apollo verlieh'n;
    Er braucht zu seinem Fandango
    Nicht Cither noch Mandolin'.

Was treibt der seltsame Vogel,
  Als ob ihn der Hafer sticht?
Er erwartet seine Menura!
  Ob sie kommt? Ich weiß es nicht.

    Daraus für die Hagestolzen
    Erhellet für alle Zeit:
    Ein Menurus ohne Menura
    Wird toll vor Einsamkeit!

20. Trichosomum crassicauda. *)

„Es saß eine Ratt' im Kellernest"
Zum stillen Zeitvertreibe;
Ihr war's, wie sich vermuthen läßt,
„Als hätt' sie Lieb' im Leibe".
    Es war dem Vieh so hochzeitswohl,
    So ehstandshimmelsübervoll —
    Das kam vom Trichosomum.

In ihren Därmen saß ein Weib
Zum stillen Zeitvertreibe.
Der war es auch zum Zeitvertreib,
„Als hätt' sie Lieb' im Leibe"!
    Es war dem Vieh so hochzeitswohl,
    So ehstandshimmelsübervoll —
    O Jungfrau Trichosomum!

Nie hat ein Mann der Jungfrau Leib
Gesehn zum Zeitvertreibe —
Doch immer war's dem keuschen Weib
„Als hätt' sie Lieb' im Leibe"!
    Sie legt' auch Eier ohne Zahl!
    Aus jedem Ei entschlüpft zumal
    Ein Fräulein Trichosomum!

In jeder Jungfrau lebt ein Mann
Zum stillen Zeitvertreibe —
Wer ihr nun das verdenken kann!
Drum hat sie Lieb' im Leibe!

---

*) Ein Eingeweidewurm der Ratte.

Wo lebt ein Par, das in der That
Sein ganzes Leben Hochzeit hat,
Und so, wie Trichosomum?

~~~~~~~

21. Ateuchus und Copris.

Ein Käferlied.

Ein Copris und ein Ateuchus
Mit gleichem Zweck und Ziel,
Die wandelten ernst und traurig
Am Ufer des heiligen Nil.
 Sie sahen im Schooße der Zukunft
 Schon Darwin hell voraus!
 Was wird aus deinen Kindern,
 O Isis, was wird daraus?

Geht ruhig, meine Getreuen,
In meinen Tempel ein,
Ateuchus du und du Copris
Sollt mir geheiligt sein.
 Ob alle Gestalt sich ändert
 Nach Darwin Jahr um Jahr,
 Ihr Beiden, wie ich selber,
 Bleibt ewig unwandelbar.

Doch weh, wenn seine Mutter
Verleugnen will das Kind —
Als Sisyphus wird vollenden
Es nie, was es beginnt!

So rief's die Alma mater
Und schirmt, wie sie verhieß
Noch heut den Ateuchus sacer
Und den Copris Isidis.

<hr />

22. Epidermis.

Was uns vor Wind und Wetter schützt,
   Damit wir nicht erfrieren,
Um Stamm und Knochen faltig sitzt,
   Und thut doch nicht geniren,
Auch manchmal stramm und auch zerplatzt,
   Und meistentheils inermis,
Drum oft zerschunden und zerkratzt —
   Das nennt man Epidermis.

Wem sie recht zeitig ward gegerbt
   Mit Reis und stärkern Aesten,
Und wer recht dick sie hat geerbt,
   Der Mensch gedeiht am besten.
Doch Furcht vor Forscherwissensdurst
   Hat selbst der kleinste Vermis —
Dem Anatom' ist alles Wurst —
   Herab die Epidermis!

23. Epithelium.

Ich ahn' ein Plätzchen, still und warm,
Bedeckt von dunkler Nacht,
Da flimmert rings es wundersam
Wie in der Erden Schacht,
    Da wohnet Taenia solium —
    Es ist das Epithelium.

Unnahbar bleibt's in Ewigkeit
Des Forschers eig'nem Blick,
Als wär' es Sternenfernen weit —
Denn nimmer schaut sein Blick,
    Dreht er sich um und wieder um,
    Sein eigen Epithelium.

24. Endosmose.

Was ist es, das die ganze Welt
In stetem Wachsthum frisch erhält,
Was selbst im kleinsten Moose
Lebendig schon vor Adams Zeit
Wie Zauber Zell' an Zelle reiht?
    Es ist die Endosmose.

Das zieht hinein, hinein, hinein,
Gewaltig dringt's durch Mark und Bein,
Damit im reichen Schooße
Der Alma mater Wunderkraft
Gebäre neuen Lebenssaft
    Durch neue Endosmose.

Wie kann es denn nun anders sein,
  Soll Isis ferner wohlgedeih'n,
  Daß zur Apotheose
  Uns dieser goldne Feuerwein
  Nur immer zieht hinein, hinein?
    Das ist die Endosmose.

25. Coram senatu.

Im duſtern Keller, hört mir zu,
  Da kneipt ſich's recht in guter Ruh;
  Da ist ein Bierſtoff, ſüffig, rein,
  Und ein famoſer kühler Wein.

Vom Pauken und aus dem Colleg'
  Führt immer dort vorbei mein Weg.
  Da steig' ich denn gemach hinein;
  Die ſchmucke Nanni ſchenkt flugs ein.

Wir ſammt und ſonders, meiner Seel',
  Wir waren ſtets dort kreuzfidel;
  Hält man Comment bei Tag und Nacht,
  Wird mancher Fuchs zum Burſch gemacht.

Weil dieſe Kneipe ſo famos,
  Kneip' ich dort oftmals ohne Moos.
  Das muß bei Mond und Sonnenſchein
  Das ſiebente Semeſter ſein.

Doch weiß der Wirth nicht, was sich schickt;
Kommt auf die Bude mir gerückt,
Hat mich philisterhaft geplagt
Und beim Senat mich angeklagt.

Ihr Herrn Doctores kennt gewiß
Mein Studium in literis;
Und daß ich dort geh' aus und ein,
Ist Kneipens wegen nicht allein.

Ein groß Geheimniß eigner Art
Hätt' gern ich dort für mich bewahrt:
Ich weiß da drunten still und stumm
Ein geologisch Unicum!

Dem Wirthe wollt' ich's zum Präsent
Legiren durch mein Testament —
Nun will ich's frei verrathen hier,
Damit man mich nicht religir' —

Der Herr Professor schau sich's an,
Und kauf es für's Museum dann,
Ein Gleiches existirt nicht mehr:
Ein fürchterlicher Höhlenbär.*)

26. Für's Laboratorium.

Gieb Acht, wo's gährt,
Frisch aufwärts strebt —
    Daß der Geist sich klärt
Und belebend lebt,
    Da muß man destilliren.

---

*) Ursus spelaeus nov. var.

Wo dicht geballt
Ruht mancherlei Kraft —
    Daß mannigfalt
    Sie wirkt und schafft,
Da muß man maceriren.

Wo gesondert sich stellt,
In Ruh erschlafft,
    Was innig gesellt
    Neues Leben schafft,
Da muß man digeriren.

Was in Banden klebt,
Wie im todten Stein —
    Daß es frei entschwebt
    Zu edlerem Sein,
Das muß man sublimiren.

Was geläutert empor
Steigt geistig frisch
    Was noch zuvor
    In trübem Gemisch,
Das muß man dekantiren.

Was dem Alter verleiht
Neue Jugendkraft,
    Was das Herz erfreut —
    Den goldigen Saft,
Den muß man absorbiren!

27. Lupulin und Nicotin.

Was nennt man Lupulin?
Was nennt man Nicotin?
Was Lupulin? Was Nicotin?
Was Nicotin? Was Lupulin?
Was nennt man Lupulin?

Wenn uns Gambrinus Saft
Giebt neue Lebenskraft,
Wenn heit're Rede unverkürzt
Der schaumumkränzte Becher würzt,
Das nennt man Lupulin.

Und wenn es dampft und glüht
Und um die Freunde zieht,
Daß von der ganzen Welt nichts mehr
Bleibt übrig als ein Engelheer,
Das nennt man Nicotin.

Das nennt man Nicotin,
Das nennt man Lupulin,
Das Nicotin, das Lupulin,
Das Lupulin, das Nicotin.
Das nennt man Nicotin.

B.

Oſtris Weinlieder.

1. Cuique suum.

Was überfließt vom Wein, gehört den Göttern,
　　Dir selbst der Labetrunk,
　　Der Duft grüßt fernhin zur Erinnerung,
Des Glases Scherben sind den Spöttern.

2. Der letzte Tropfen.

Als Gott der Herr gepflanzt den Wein,
　　Da legt' er Wunderkraft hinein
　　　　Und manche Gottesgabe.
　　Da trat der Teufel vor ihn hin:
　　„Dieweil auch ich vom Geiste bin,
　　So ziemt's, daß ich nach meinem Sinn
　　　　Davon ein Tröpflein habe."

Wohl, sprach der Herr, es mag so sein.
　　Ich geb zu eigen dir vom Wein
　　　　Fortan den letzten Tropfen.
　　Doch hüte dich, das rath' ich sehr,
　　Laß dir genügen! Nimmst du mehr,
　　Will ich dich strafen hart und schwer
　　　　Und auf die Finger klopfen!

Da fuhr der Wicht in jedes Faß,
 In jede Flasche, jedes Glas,
   Sein Tröpflein drin zu seien;
Was Unten war, wollt' Oben sein,
Stets neuer Durst nach Wein, nach Wein,
Der ganze Blocksberg zog hinein
   Und tausend Teufeleien.

Da sprach der Herr: „Du schlimmer Knecht,
 Nun bleibe stets, wie dir gerecht,
   Im Glas der letzte Tropfen!"
Nun trinket euch zur guten Stund'
Am gold'nen Rebensaft gesund —
Der Teufel drunten auf dem Grund,
   Der bleibt im letzten Tropfen.

3. Ne quid nimis!

Es reist am grünen Gelände
   Manch' Träublein edler Wein,
Drin seh' ich Engel und Teufel
   Selbander wohl gedeih'n.

Bei Tage zog der Engel,
   Bei Nacht der Teufel hinein;
Die Sonne zieht den Engel,
   Den Teufel der Mondenschein.

Den guten Geist verspürest
   Im ersten Tropfen Wein —
Daß man den Teufel merke,
   Muß mehr getrunken sein.

Nun geht es auch im Leben
Gerade wie beim Wein —
Die allzuheiligen Leute,
Die müssen des Teufels sein.

4. Keller-Wacht.

Im Keller bei den Fässern,
Da halten Tag und Nacht
Vom Wein die alten Geister
Gar wundersame Wacht.

In jedem Fasse schlummert
Der gute Geist in Ruh;
Der böse sitzt daneben
Und blinzt die Augen zu,

Und trachtet sich einzuschleichen
Ganz unbemerkt und still,
Wo immer der Lichtgeborne
Den Einzug halten will.

Darum, wenn dir beim Weine
Der erste Trunk gefällt,
. Gieb acht, daß nicht mit dem letzten
Der Teufel Einkehr hält!

5. Weinbergs-Lied.

———

Von all' dem Wein, der auf Erden
　Seit Noah's Zeit geleert,
　Sind wieder in ihre Berge
　Die Geister heimgekehrt.

Und wenn im jungen Lenze
　Der Wald sich frisch belaubt,
　Da winden sie Blüthenkränze
　Um ihres Berges Haupt.

Da schlingen sie ihren Reigen
　Im Maiensonnenschein
　Nach all den tausend Liedern
　Der muntern Vögelein.

Drum ohne Lied nicht mundet
　Und ohne Klang der Wein,
　Der Geist möcht' wieder draußen
　Im alten Berge sein.

Der zieht und keimt und flüstert,
　Geheimnißvoll geweiht,
　In jeder schwellenden Traube
　Ein Lied aus alter Zeit.

6. Der alte Geist von den Bergen.

Es geht ein' alte Wundermär'
Von altergrauen Zeiten her:
   „Der alte Geist von den Bergen
   „Muß wieder zu seinen Zwergen."

Im Lenze, wenn die Sonne lacht,
Hat sich der Alte aufgemacht,
   Der Erde Schooß behagt ihm nicht,
   Er muß hinauf, hinauf zum Licht.

Der Weinstock ist sein heilig Kraut,
Daraus er lachend um sich schaut,
   Und wenn im Mai die Rebe blüht,
   Er frisch in Jugendmuth erglüht.

Die Sonne kocht das Traubenblut —
Dem Alten wird's so wohl zu Muth,
   Der drängt, und kann's erwarten kaum,
   Sich jauchzend frei vom Kelterbaum.

Das schäumt und wirbelt, wirkt und schafft —
Der Alte seit den ganzen Saft,
   Er seit mit Muth und Uebermuth
   Geheimnißvoll das Rebenblut.

Und mundet dir ein Mannstrunk Wein,
Schlürfst du den Alten mit hinein;
   Gieb Raum dem lustigen Patron,
   Er macht sich Platz, er kennt dich schon!

Hältst wacker Stand dem Muth allein,
Wirst ihm der liebste Zecher sein,
  Er legt vor deinen Augen klar
  Des Berges Geheimniß offenbar.

Drum merk' den Zauberspruch im Wein,
Dann wird der Trunk dir wohl gedeih'n:
  „Der alte Geist von den Bergen
  „Muß wieder zu seinen Zwergen!"

7. Der Geist im Wein.

Das Paradies ging einst verloren,
  Die Sündfluth brach herein —
Von Gottes Gnaden hochgeboren
  Ward uns dafür der Wein.

Was hoch geboren, will im Leben,
  Wie könnt' es anders sein,
Nur um so höher aufwärts streben.
  So ist es auch beim Wein.

Er hat so seine eig'ne Weise.
  Trinkt ihn ein dummer Tropf
Und weiß nicht wie, dem steigt er leise
  Ganz einfach in den Kopf.

Ganz anders, wenn dem wackern Zecher
  Der edle Rebensaft
Entgegenschäumt aus vollem Becher —
  Dem steigt er in die Kraft.

Doch wer mit geistigem Behagen
　　Sich letzt am edlen Wein,
Den wird in's Paradies er tragen!
　　Geist will beim Geiste sein!

8. Am Rhein.

Am Rhein, am Rhein,
　　In die Berge hinein!
Und im Sonnenschein —
　　Wie schön muß das sein!
Lacht Einem das Herz im Leibe!

In der Sonne Gluth
　　Kocht der Traube Blut,
Weckt fröhlichen Muth!
　　Da wandert sich's gut!
Lacht Einem das Herz im Leibe!

Und am Fasse gar bald
　　Da machen wir Halt —
Probiren, wie alt,
　　Daß es hallt und schallt!
Lacht Einem das Herz im Leibe!

9. Das Fest der Rebenblüthe.

Es geht ein Blüthenzauber
Den ganzen Rhein entlang,
Ein Duften und Maiengrüßen
Mit hellem Lerchensang;
    Viel wonniger strahlt und wärmer
    Der goldne Sonnenschein
    In alle die Blumenkelche,
    In all' den Jubel hinein.

Und Mond und Sterne glänzen
Still durch die Maiennacht.
Da sind die Blumengeister
Vom leisen Schlummer erwacht;
    Auf geht die Fahrt von dannen —
    Da lebt es auf jedem Berg,
    Sie wandern alle, alle
    Zum Schloß Johannisberg.

Und als die Morgenröthe
Die Reben rosig malt
Und dann die Maiensonne
Im jungen Glanze strahlt,
    Da ist in der edlen Rebe
    Der Blüthentrieb erwacht,
    Es hat sich die Rebenblüthe
    Erschlossen über Nacht.

Wie aus den Wellen tauchet
Anadiomene,
So blickt erst schüchtern und fragend
Ihr Aeuglein in die Höh' —

Steh auf, du herzige Schwester!
So lispelt es leis' im Chor.
Da steigt in holder Anmuth
Jungfräulich sie empor.

Und alle alle Blüthen,
   Die rings versammelt sind,
   Sie grüßen, herzen und küssen
   Das holde Frühlingskind,
     Und lassen der Rebenblüthe
     Ein Theilchen jede zurück
     Von ihrem eig'nen Duften,
     Vom eigenen Lenzesglück.

So zieht der Blüthenzauber
   Vom ganzen herrlichen Rhein
   In seine Rebenblüthe,
   In seinen goldnen Wein.
     Im Keller aber feiern
     Erdmännlein, Gnom und Zwerg
     Das Fest der Rebenblüthe
     Auf Schloß Johannisberg.

10. Der Nibelungen Hort.

Vom Hort der Nibelungen
   Geht eine Mähr am Rhein:
   Als Hagen ihn in die Fluthen
   Versenkt bei Mondenschein,

Da kamen die alten Geister
Ringsher in stiller Nacht,
Die trugen ihn in die Berge
Und halten bei ihm Wacht

Und lassen ihn nicht zu Tage
Hinauf in die Welt voll Neid —
Der Berg verschließt sein Geheimniß,
Auf dem der Wein gedeiht.

Nur, wer den Hort zu hüten
Versteht, dem wird es kund,
Der wird ihn hell erblicken
Im Wein zur guten Stund'.

11. Deutschlands Perle.

Drei Dinge hält in Ehren
Der echte deutsche Mann,
Bekränzt den vollen Becher
Und läutet dreimal an:

Noch lebt im Vaterlande
Der alte Geist vom Rhein,
Vom Hort der Nibelungen
Blieb uns der deutsche Wein.

Und wenn beim Klang der Becher
Das Herz so heiß erglüht,
Da singen die wackern Zecher
Dazu das deutsche Lied.

Das tönt durch alle Gauen,
Und wo du's hörst, da bleib' —
Doch Deutschland's schönste Perle
Das ist das deutsche Weib.

12. Weinblüthe und Jugend.

Sahst du die Traube blühen
In Maiensonnenschein?
Ein Kind im Blüthenlenze
Dünkt mich der edle Wein.

Der Winzer hegt die Rebe,
Schirmt sie vor Frost und Wind;
So unter sorglicher Obhut
Zum Jüngling wird das Kind.

Es schwillt die volle Traube
In Lieb' und Sonnengluth.
Entfesselt schäumt in·der Kelter
Das junge Rebenblut.

Das gährt und strebt nach Freiheit,
Voll Ahnung wallt die Brust,
Bis ruhig der Geist des Mannes
Sich edler Kraft bewußt.

Im Kinde, wie in der Traube
Wächst so der Geist heran —
Drum Heil dem Wein in der Blüthe
Und Heil im Kinde dem Mann!

13. Waldmeister und Maiwein.

Erdmännlein wollten zechen
   Im tiefen grünen Wald zu Nacht,
Und hatten sich von der Mosel
      Ganz still, ganz still
   Ein Fäßlein Wein gebracht.

Hell strahlten wie Demantfunkeln
   Durch die Maiennacht die Sternelein
Und malten sich im Dunkeln
      Ganz still, ganz still
   Grün ab im gold'nen Wein.

Und wo sie darin geschwommen —
   Ein zaubrisch würziger Waldesduft
Durchzog den goldigen Nektar,
      Ganz still, ganz still,
   Und rings die milde Luft.

Wo aber auf Waldesgrunde
   Verrann ein einzig Tröpflein blos,
Da sproßte am andern Morgen
      Ganz still, ganz still,
   Waldmeister aus grünem Moos.

Erdmännlein, des Waldes Meister,
   Erdmännlein schaffen bei Sternenschein;
So schufen sie uns zum Segen
      Ganz still, ganz still
   Waldmeister und Maienwein.

14. Bechers Boden.

Des Bechers Boden ist gefeit.
  Merkt wohl darauf, was das bedeut't:
  Nur durch der Reben flüssig Gold
  Des Bechers Boden schauen sollt!

Blickst du hinein mit durst'gem Schlund
  In leeren Bechers dunkeln Grund,
  Ruft dir ein Dämon höhnend zu:
  Ich leide Durst, wie du, wie du!

Doch leerest du zur guten Stund'
  Den vollen Becher bis zum Grund
  Mit langem Zug so nach und nach —
  Hei, da wird's heller allgemach,

Hold, wie im Maiensonnenschein,
  Aufschweben tausend Engelein —
  Das Zauberbild auf Bechers Grund,
  Das macht dir Herz und Sinn gesund.

Wie das sich dreht von Pol zu Pol!
  Du füllst das Glas von Neuem voll,
  Du trinkst, füllst wieder, im Vertrau'n,
  Am Grund den Himmel hell zu schaun —

Des Bechers Boden ist gefeit!
  Merkt wohl darauf, was das bedeut't:
  Nur durch der Reben flüssig Gold
  Des Bechers Boden schauen sollt!

15. Weisheit im Wein.

Im Wein ist Wahrheit! Nun wohlan,
Erhebt den Becher, stoßet an,
Es muß im edlen goldnen Wein
Der Urquell wahrer Weisheit sein.

Dem Philosophen sprudelt hell
Im Wein der Metaphysik Quell;
Subject und Object, Ideal,
Wird über Nacht transscendental.

Manch' astronomisch Augenpar
Hat nur im Wein ein Sehfeld klar;
Der Practicus begreift dann schon
Die wahre Rectascension.

Beim Weine schmilzt, wie gültig Erz,
Des Geologen steinern Herz —
Manch' Herzensbündniß im Verein
Krystallisirt der edle Wein.

Der Weingeist ist in der Chemie
Von großem Nutzen spät und früh.
Gemächlich damit practicirt,
Wird ganz unfehlbar sublimirt.

Dem Physiker wird sonnenklar
Beim Wein Dynamik offenbar,
Drum ehrt er auch beim goldnen Naß
Der Mathematik Ziel und Maß.

Den Wein besonders kennen muß
  Und trinken der Botanicus;
    Der lernt im Wein erkennen treu
    Auf's Haar, was Endosmose sei.

Der Zoolog beim Glase Wein
  Wird sicherlich gar wohl gedeih'n,
    Nimmt er zugleich für Tag und Nacht
    Des Stoffes Wechsel sein in Acht.

Im Wein ist Wahrheit! Nun wohlan,
  Erhebt den Becher, stoßet an,
    Es muß im edlen goldnen Wein
    Der Urquell wahrer Weisheit sein!

16. Fahr' wohl!

Trink, Bruderherz, so lang im Becher
  Noch perlt der Wein;
    Trink, Bruderherz! Ein wack'rer Zecher
    Trinkt nie allein!

Trink noch mit uns, noch in die Runde
  Der Becher kreis't,
    Ob uns auch bald die Scheidestunde
    Der Zeiger weis't.

Der Fahrt hinab folgt immer wieder
  Die Fahrt hinauf!
    „Wir gehen, doch wir kommen wieder!"
    Glück auf! Glück auf!

17. Auf hoher See.

Komm, setz' dich mir zur Seite,
Heut ist ein Feiertag!
Der volle Becher läute,
Daß heim es klingen mag!

Daß es im trauten Kreise
Viel tausendmal grüße dort
Und unser Grüßen leise
Kling' noch im Traume fort!

18. Durst.

Ich weiß nicht, soll ich lachen oder weinen?
Ich seh so viele Zecher um mich sitzen,
Die still und emsig ihre Ohren spitzen,
Wie einer guten Mähr', so sollt' ich meinen.

Daß ihr euch nur nicht täuscht! Es will mir scheinen,
Als wankten schier des Fundamentes Stützen,
Umzuckt von falben Blitzen, spitzen Witzen —
Mir ist, als zög' es mich an beiden Beinen —

Wohin? Nun denn, ich muß es euch wohl sagen:
Nach all' den Fischen, Braten, Kuchen, Schinken,
Die ringsumher noch auf der Tafel winken,
Ist leer noch für den Ozean mein Magen!
Kommt Alle mit, was hilft das bange Zagen —
Ich steig' in's Faß, da kann ich besser trinken!

19. Vom Trinken und Singen.

Ein Vögelein im Weinstock sitzt,
  Aus voller Beere trinkt.
  Ein andres flattert aus dem Busch
  Und sitzt daneben bald, husch, husch,
    Und singt und singt,
  Bis daß es selber trinkt.

Bald sind es drei, bald sind es vier,
  Der volle Weinstock winkt!
  Der Jubel wirbelt hell empor,
  Bald trinkt und singt der ganze Chor
    Und singt und trinkt,
  Und trinkt und singt und trinkt.

Dem Böglein hab' ich abgelauscht:
  Man singt stets, wo man trinkt!
  Drum ohne Lied trübt sich der Wein,
  Dazu muß man selbander sein!
    Das klingt, das blinkt!
  Man trinkt und singt und trinkt!

20. Um die Welt.

Wir schicken einen Halben um die Welt,
Wir steigen nach allen Zonen,
  Wo er hinkommt, da ist schon Quartier bestellt,
  Doch zu lange darf er nirgend wohnen;
Und hat er sich irgendwo festgerannt,
Da haben die Füchse schon Kreide zur Hand:

4*

„Wo sitzt denn der Halbe um die Welt,
„Wo ist denn der Halbe geblieben?" —
Hoiho, er hat nur die Segel gestellt,
Jetzt wird wieder weiter getrieben!
Einen Gruß erst zurück, einen vorwärts dann —
So kommt um die Welt wohl ein ganzer Mann!

21. Bemoosten Hauptes Memento.

Wißt ihr, wie man in alter Zeit gezecht?
Da kannte man nicht Halbe oder Drittel —
Man wußte für die Reise um die Welt
Noch beſſ're Mittel!

In Meilenstiefeln ging die Reise fort,
Voll edlen Nectars für die durst'gen Kehlen,
Dabei der Mundschenk selbst von Ort zu Ort
Durst' nimmer fehlen.

Der Rodenstein, der war Letzte noch!
Schwand denn mit ihm der Durst von dieser Erden?
Bei Sanct Perkeo, einmal muß es doch
Noch anders werden!

Glaubt ihr, des Wein's wird wen'ger in der Welt?
Für wen doch blüh'n im jungen Lenz die Reben?
Wein soll's, und wenn ein Faß der Humpen hält,
Zur Reise geben!

Wohlan, trägt euch zum Himmel nicht der Wein,
  Schwemmt eine neue Sündfluth euch zum Hades —
Kein Noah schützt dann vor des Durstes Pein
  Des salz'gen Bades!

Es sei! Paragraph Elf ist noch in Kraft,
  Der Rodenstein hält uns den Himmel offen —
Ein Salamander drum dem Rebensaft!
  s'Wird fortgesoffen!

22. Das Lied vom Trinken.

Wenn dir goldnes Naß
  Quillt und duftet hell vom Faß,
  Wenn's im Becher perlt und blinket
  Und ein Lied dir grüßend winket —
  Laß die Mahnung dir genügen:
    Trinke, Bruderherz,
  Trink in vollen Zügen!

Wo ein Felsenquell
  Dir zur Labung sprudelt hell
  Tief im grünen Waldesschatten,
  Welche süße Rast dem Matten,
  Da im weichen Moos zu liegen!
    Trinke, Bruderherz,
  Trink in vollen Zügen!

Schweift dein trunkner Blick
Weit in's blaue Land zurück,
Trink die würz'gen Alpendüfte!
Laß dein Lied fern durch die Lüfte
Mit den Wolken weiter fliegen!
    Trinke, Bruderherz,
Trink in vollen Zügen!

Wo zur guten Stund
Dir ein süßer Rosenmund
Liebe athmet hold und innig
Und ein Augenpar dich minnig
Will versengen und besiegen —
    Trinke, Bruderherz,
Trink in vollen Zügen!

C.

ΙΣΙΣ ΠΕΡΙΠΑΤΗΤΙΚΗ.

1. Isis-Idylle.

Wer in seines Lebens tiefster Stille
  Manche liebliche Idylle
    Nicht erlebt in Lust und Leid,
Dem ist wahres Glück hienieden
Von den Göttern nicht beschieden,
  Weh, der ist dem Styx geweiht!

Evoë drum, hehre Mutter Isis!
  Nichts Bewährtes ohne Krisis!
    Noch ist trocken nicht der Nil!
Aber süß ist's, im Vertrauen
Seiner selbst zurückzuschauen
  Auf ein liebliches Idyll.

Wie im stillen Gärtchen du allmählig,
  Selbst ein Pflänzchen liebeselig,
    Bist so hold emporgeblüht!
Selbst in dräuenden Gefahren
Wußtest du dir zu bewahren
  Welch ein harmlos froh Gemüth!

Deines Tempels ernstgeweihte Hallen
Seh' im Geist ich noch durchwallen
Manch' idyllisch=schönen Traum;
Seh', des Wissens Durst zu stillen,
Priester und Adepten füllen
Deiner Bücher kleinen Raum.

Klein, doch riesengroß und festgemauert.
Aus dem Mikrokosmos schauert
Dein „Hic Sais" durch die Welt.
Ach, dein Schleier geistgewoben
Wird nur von dir selbst gehoben,
Wenn es dir dereinst gefällt!

Göttin, aller Blumen Polyphylle,
Selbst die göttlichste Idylle,
Dank, daß du zur Erde kamst!
O wie warst du so sybillisch,
Wie uranographidyllisch,
Wenn du Maaß am Himmel nahmst!

Wie idyllisch deine Unterhaltung!
Wie idyllisch die Verwaltung!
Friede war dein reichstes Gut.
Kühlte ja den Durst der Jugend,
Lehrend Weisheit nur und Tugend,
Hippokrene's klare Fluth.

Aber lebensprudelnd aus der Quelle
Reiht zum Strom sich Well' an Welle —
Ruhig zieht der heil'ge Nil
Seiner Isis Zaubersphäre
Bis zum ew'gen Weltenmeere —
Ein geheimnißvoll Idyll!

2. Alexander von Humboldt.

(Am 14. September 1869.)

I. Ode.

Du siehst, o Auge — weißt du, was Sehen ist?
Und blickst du um dich, spähest du weit umher,
　　Wie magst du klaren Blicks ergründen
　Deine Behausung, das Universum?

Fort mit dem Trödel, dem kabbalistischen,
Mit Metaphysik und Astrolabien —
　　Naturanschauung lehrte Humboldt,
　Und unser Erbtheil, es ward der Kosmos..

Löst graue Nebel weithin im fernsten Raum
Zu Millionen strahlender Sonnen auf,
　　Und unser kleines Stäubchen Erde
　Lehrt' er uns finden in Sternenheeren.

Nicht länger herrschen Zufall und Vorurtheil —
Du kannst und sollst nun schauen allüberall,
　　Wohin dein Schaun und Forschen reichet,
　Ewige Ordnung und lautre Wahrheit!

II. Elegie.

Ringend im Kampf mit mystischem Wust und des
　　　　　Irrthums Dämonen,
　Oder lethargischen Schlafs siechte der menschliche
　　　　　Geist.

Sieh', da begann es zu tagen, die nächtigen Wolken zu
scheuchen:
Eos leuchtend gebar Humboldt, den seltenen Mann.
Ist es die sandige Mark, die ihn nennen dürfte den
ihren?
Transoceanisch Gefild, oder der nordische Pol?
Er gehöret der Welt und also gehört er uns Allen,
Und sein Kosmos giebt ewiges Zeugniß davon.
Hat er uns nicht erschlossen des Kosmos tiefes Ge-
heimniß,
Daß ein lebender Geist Alles gemeinsam durch-
weht?
Daß eine ewige Ordnung das herrliche Ganze durch-
waltet,
Daß sich Mutter Natur liebevoll Allen erschließt?
Also malt es der Strahl, der dort Millionen von
Jahren
Unterweges, dereinst ferneren Sonnen entstammt,
Oder des nahen Begleiters der Erde, des wandelnden
Mondes
Silberner Glanz es still tief in das himmlische
Blau.
Auf den Gipfeln der Cordilleras, in den grasigen
Llanos,
Tief im Urwald steht's, eben so leserlich steht's,
Wie in der sengenden Gluth der Sahara oder den
Steppen
Nordasiatischer Flur oder auf arktischem Eis.
Ueberall ist Leben, Bewegung, nimmer ein Stillstand,
„Denn an den Stillstand hat Fluch die Gottheit
gehängt".*)

---

*) Humb. Kosmos, I., S. 35, 36. Ferner: Goethe,
Aphor. üb. d. Natur.

Vorwärts, immer zum Licht, und treibt die Tene=
      brioniden,
   Treibt die Noctuen vor! Weichet der Sonne die
         Nacht,
Endlich erhellt jene doch die nächt'gen dunkeln Gestalten,
   Oder sie sengen daran prasselnd die Flügel sich ab.
Vorwärts also, das ruft er uns zu, der unsterbliche
         Meister,
   Vorwärts forschet und lebt, lebt für das Ganze
         im All,
Also, wie er es begann! — So laßt uns ehren den
         Meister,
   Sein wir seiner werth! Folgen wir treulich ihm
         nach!

---

3. Botanische Excursion.

1. Gesang.

„Vom Mädchen reißt sich stolz der Knabe,
„Durchmißt die Welt am Wanderstabe.“

Schnaubend brauste der Dampfer der lachenden Sonne
         entgegen,
Aufwärts immer am Hang des bergumketteten Elbthals.
Vollgepakte Waggons, gereiht zum stattlichen Zuge,
Führten der Sächsischen Schweiz ein wanderlustiges
         Volk zu.
Jenes vor Allen erwählen wir uns zu belauschen, das
         Häuflein
Mit den Trommeln und Mappen, zum Botanisiren
         gerüstet,

Käfer zu sammeln, mit Flaschen und Köschern und
sonstigem Hausrath,
Wohlbewaffnet mit Hammer und Eisen, um Steine
zu brechen,
Aber auch mit gesundem Humor und durstigen Kehlen.
Wo sich am nördlichen Ufer des sonnigstrahlenden
Elbstroms
Just zu erheben beginnt das gelbliche Quadergebirge,
Rastet der eilende Zug; es grüßen die Mauern von
Pirna.
Hier entsteigen dem Wagen die ältlichen Herr'n der
Gesellschaft,
Halten die Post für bequemer als Schusters stäubende
Rappen,
Die man sich besser geschmeidig erhält und frisch, denn
es gilt ja
Allen Ernstes noch heute die höhere Schule zu reiten.
Blase mir, Schwager da vorn, ein Lied, daß das Echo
es wach ruft!
Vorwärts fliegt mit Peitschengeknall der reisige Vortrab.
Aber die Andern sind weiter hinauf mit dem pustenden
Dampfroß
Wehlen und Rathen vorbei gebraust und dem Lilien-
steine,
Sind dem Zuge Vulkans am Fuße der Festung ent-
stiegen
Und verfolgen den Weg, der von Königstein sich in's
Thal zieht,
Aufwärts immer der Biela entgegen, dem lieblichen
Bächlein,
Dem „Ach wärst du mein eigen!" der Dresdner flüstert
und nachseufzt!
Noch beperlte das Grün am Rande des Baches der
Frühthau,

Farbigen Glanzes, für heut das herrlichste Wetter
verheißend.
Rüstig schritten sie vorwärts, geschaart um Papa, den
Professor,
Denn der Papa weiß immer 'was Interessantes und
Neues
Zu erzählen, d'rum lauschen sie gern seiner freund=
lichen Rede.
Immer der Vordersten Einer, mit Drei oder Vier an
der Tête
Rücket der Herr General beschleunigten Schrittes dem
Ziel zu.
Immer im heitern Gespräch nachrücken die forschenden
Freunde,
Spähend bald rechts, bald links, denn mancherlei giebt
es zu sammeln,
Oder zu zeigen, oft nur zu beschaun, doch für Alle
zu lernen
Mannigfaltiger Art; da bespricht man Metalle und
Steine
Hier mit dem Herrn Berg=Ingenieur; dort stecken sich
wieder
Um eine Pflanze die Köpfe zusammen, die Weber ge=
gefunden,
Und die dieser nun auch mit Besser, dem länglichen
Freunde,
Kritisch beleuchtet und lauschend dem Wort des bota=
nischen Seidel.
Schweigsamer wandert ein Häuflein in tieferem Sinnen
die Straße.
Stephanos ruft die Entomologen und quietscht mit
dem Stöpsel,
Oeffnend die Flasche, worein er einen Anthrenus ver=
senket.

Schneider egyptiacus, der fleißige Sammler, auch
diesmal
Scheint ihm Nichts zu entgehn; es entdeckt sein spähen=
der Scharfblick
Interessantes genug, wo Mancher der Freunde vorbei=
zieht.
Also läßt der Papa sich nun zu den Andern vernehmen:
Sind wir auch heut botanisch gesinnt und führt unser
Weg uns,
Coniferen zu schaun, dem gartenbeflissenen Freund zu,
Lasset uns sehen zugleich der Coniferen Verwendung
Und wie menschlicher Fleiß sich Material daraus herstellt.
Hier in der Mühle zunächst da regen sich rastlosen
Ganges
Zwölffach nebeneinander die scharfgeschliffenen Sägen,
Breter zu schneiden und Pfosten; dort rühren sich Hände
geschäftig,
Aufzustapeln den Stamm auf den vorwärts rückenden
Schlitten,
Der ihn geregelten Zugs in die ächzenden Sägen hinein=
führt;
Schneidiger schneiden die Schneiden der Schneidemühle,
wenn Schneider
Schneidemühlen erklärt! Man lauscht den faßlichen
Worten,
Profitirt Theorie beim Beschaun der erläuterten Praxis;
Sägespähne voll Witz und Humor sprühen immer mit=
unter.
Hunderte noch von Stämmen, in mächtigen Lagen
geschichtet,
Liegen bereit, ein stattlicher Wald majestätischer Fichten.
Weiter geht's am Bache hinauf. Hier treibt er schon
wieder

Mühlenräder, der wack're Gesell; hier schleift er die
Klötzer,

Rührt die Fasern des Holzes mit duftenden Lumpen
zusammen,

Die sich, bescheiden wie immer, zur wachsenden Masse
gestalten,

Arglos und unbekümmert der Recensenten, die später,
Was man auf das Papier gedruckt, kritisiren und
kritteln.

Gern gefällig, erklärt Herr Rudel den Gang der
Maschinen,

Setzt in Betrieb, was ruht, und möchte die Eilenden
halten.

Aber das Ziel winkt fern und rastlos rinnet die Stunde;
Wacker darum auf's Neu' fürbaß fortschreiten die
Freunde,

Kürzen den Weg mit verlängertem Schritt und mit
muntern Gesprächen,

Kriechen im Moose und sammeln; es hilft der egyptische
Schneider

Käfer finden dem Freund, der ein halb Schock Amseln
im Mund führt;

Mehlwurmfutter bedarf er für sie, drum sammelt er
Käfer.

Plätschernd ergießt sich ein Quell über grünbekleideten
Felshang;

Hat sich ein Bettchen bereitet und murmelt darin so
behaglich

Zwischen den Blumen hindurch und den Selaginellen
und Algen,

Daß gar manche Navicula schaukelt auf hüpfender
Welle,

Von den Najaden gelenkt, die, im sonnigen Glanze zu
baden,

5

Zaubrisch beleben den Mikrokosmos. O Isis divina
Sprich, verbirgst du sie uns im Mikroskop so beharrlich,
Daß Amici und Hasert und Schiek, Oberhäuser und
        Hartnack
Arbeit finden zur Immersion für die Forschung der
        Zukunft?
    Seitwärts ab von der breiteren Straße jetzt führt
        uns ein Fußweg
Durch ein Gehöfte. Es ladet zur Rast eine trauliche
        Laube,
Von Sambucus umrankt und dem leise lispelnden Geis-
        blatt.
Schon erwarten die Kommenden dort schnellfüßige
        Freunde,
Holfert, der Pädagog, mit dem Schwiegervater, dem
        Doctor.
Labe die Lechzenden schnell, blauröckige Nymphe des
        Dorfes;
Auf, kredenze des schäumenden Stoffs dünnflüssige
        Welle,
Oder den schnapsigen Bittern, aus duftenden Kräutern
        bereitet,
Wenn er nur baumwoll'ntränkend die lechzende Zunge
        befeuchtet.
Habt ihr den Cerberus bellen gehört? Wie des Auges
        Pupille
Sich erweitert durch Atropin zu hellerem Schauen,
Also öffnet auch hier das Bier die spähenden Ohren,
Euch zu bereiten den selt'nen Genuß; und der schnap-
        sige Bitt're
Zieht sie dann wieder zusammen, drum Eins nicht
        ohne das Andre.
Traun! Wie undankbar ist doch der menschliche Leicht-
        sinn!

Der noch soeben vor Durst baumwollene Stricke ge=
sponnen,
Kaum hat er Labung gefunden an Bier und Bitter'm,
so schilt er
Schmähend das unschuldsvolle Getränk! Doch über
ein Kleines
Strafen ihn rachegerüstet des Durstes erneuerte Qualen.
Schweigsam wandeln und still die Peripatetiker.
Schneller
Hat der Papa beflügelt den Schritt; auch die trillern=
den Amseln
Sind vor der sengenden Mittagsgluth zu Neste ge=
krochen.
Hummeln aber und Falter bevölkern die blumige Wiese,
Zirpend schwirren im Gras Heuschrecken und bunte
Cikaden.
Drüben aber am Ende des fichtenumwaldeten Thal=
grunds
Kräuselt sich bläulicher Rauch empor in die herrliche
Bergluft.
Näher und immer näher ertönt das melodische Rauschen,
Sägen und Klappern der Schweizermühle; es grüßen
die Freunde
Schon die Vorangeeilten; im kühligen Schatten zu
rasten,
Ist ein gemeinsam Plätzchen bereit, und würzige Labung
Träufelt belebenden Thau in die ausgedörrte Botanik.

————

2. Gesang.

„Und in Poseidons Fichtenhain
„Tritt er mit frommem Schauder ein."

Weithin dehnen sich aus des Gartens lachende Fluren,
Wohl eine Schule zu nennen der zierlichen keuschen
Dryaden.
Götterbevölkert erscheint das Thal, und die strebenden
Säulen,
Die einst Herkules thürmt' auf dem mächtigen Rücken
der Bergwand,
Tragen das Tempelgewölb' azurener himmlischer Bläue.
Zeus in diesem Olymp ist der wacker schaffende Laessig;
Lässig nie, frisch immer am Werk — drum gedeiht
ihm auch Alles.
Hat mit kundigem Fleiß und bedachtsam hütender
Sorgfalt
Aus der felsigen Wildniß gezaubert ein edles Cultur=
land,
Immergrünende Gärten gereiht und die edelsten Stämme
Heimisch gemacht und nach rechts und links gepflanzt
in den Waldhang,
Also daß jetzt die Canadische Tsuga belebet die Land=
schaft
Neben der stattlichen Würde der Abies Nordmanniana.
Kleinere Bäumchen in Töpfen und größ're, in Körben
gezogen,
Mannigfaltiger Art, stehn tausend, und wiederum
tausend
Harren, bereit zum Versand, zum Versetzen in andre
Gefilde.
Neben den alten Bekannten von Abies, Pinus und
Laryx
Beut von der ersteren uns balsamea variegata

Gelblich gefärbt ein wunderlich Bild; neben lasiocarpa
Grüßen uns bracteata, cilicica, Pichta, Pinsapo,
Webbiana dabei, cephalonica, Fraseri, densa;
Picea Alcoquiana, die kleine Clanbrasiliana,
Pyramidalis, robusta, excelsa, pygmaea, globosa,
Rubra, polita, nigra und nigra fastigiata,
Varietäten noch mancherlei von der schönen excelsa.
Liebliches nordisches Kind, was sinnst du, lispelnde
     Laryx?
Zürnst du dem Herbst, daß er goldig bekränzt deine
     südliche Schwester
Pseudolaryx? O schmolle du nur und schüttle die
     Büschel
Deines lockigen Haars, du thörichtes Mädchen! Es
     fallen
Deine Nadeln dir ab, bis mit frischem Grün dich der
     Lenz schmückt.
Cedrus Libani, du von altbotanischem Adel,
Ernst und himmelanstrebend im Salomonischen Tempel,
Ahnungsschauer durchbebt mein Gebein, wenn ich sinnend
     dich anschau'.
Bist ja gegen die Alten vom Libanon damals ein Kind
     noch.
Wo du im Park dereinst lustwandelnde Junker um=
     flüsterst,
Magst du dich rühmen der Zeit, da Salomo baute;
     doch wisse,
Baute er heutigen Tags seinen Tempel — andere
     Zeiten,
Andre Sitten — heut pflegt man zu bau'n aus Eisen
     und Steinen,
Diese gelangen darum zu Aemtern und Würden und
     Ansehn.

Heute wird, was nicht nützt, auch nicht als edel er=
achtet.
Darum geh' und nütze der Welt, und geht es als
Fürst nicht,
Nun, so versuch's im Gewerb' durch Arbeit und Fleiß
— aber nütze!
Also sprach Deodara, die indische Ceder, zum Pflänzchen,
Das wie ein Prinzlein schon gar stolz sein Köpfchen
erhoben.
Deiner gedenk' ich, o Jussieu's Ceder! Lutetia wahre
Sorglich sich dies herrliche Mal des unsterblichen
Meisters! —
Gattung Pinus; die scheint mir so recht voll Tanten
und Basen,
Schwestern und Töchtern und Nichten; als Mutter
acht' ich die Strobus;
Wohl, so hat sie sich auch dem Meister in praxi be=
wiesen,
Sprößlein zartester Art, die muß sie ihm säugen und
groß ziehn,
Und sie erfüllt getreulich an ihnen die Pflichten der
Mutter,
Sollte sie opfern sogar ihr eigenes Leben dem Zieh=
kind.
Wär' es vergönnt, daß im Zauberreich der keuschen
Dryaden
Spiegeln sich dürften die Menschen, besonders die
irdischen Ammen:
Alle botanischen Ammen sind unbefleckter Empfängniß!
Pinus Pumilio, du Tochter der reineren Bergluft,
Kränzest die luftigen Höh'n und grünest in stetiger
Jugend,
Trinkst balsamischen Thau und athmest würzigen Wald=
duft,

Rosig gemalt vom bräutlichen Kuß der erwachenden
Eos!
Nimmer besiegt mit brausender Macht dich Boreas'
Kühnheit,
Lispelst aber so traut in Aeolus sanfterem Kosen. —
Mädchenhaft erscheint in der Jugend mir jegliche Pinus,
Schirmend den häuslichen Kreis entwickelt sich später
die Hausfrau.
Aber es reihen sich hier wie überall bunte Gestalten
Mannichfaltiger Art in wechselvoller Erscheinung.
Neben der Sciadopytis, die Kühlung fächelt dem Taikun,
Schüttelt ihr lockiges Köpfchen so gern die canabische
Tsuga,
Heimisch bereits sich fühlend bei uns, in lieblicher
Anmuth;
Prunklos, häuslich erscheint ihre wallende schlichte Ge=
wandung.
Stolzer blicken und modisch geschmückt zwei fürstliche
Schwestern
Araucaria — welcher von euch beut Paris den Apfel,
Schöne Lady „excelsa" von altaustralischem Adel,
Oder dir, „imbricata", der stolzen chilenischen Donna?
Scheint es mir doch, als ziemt' es euch nicht, so ernst
zu erscheinen!
Pfleget zu scherzen doch hinter dem Fächer, ihr Damen
von Hofe,
Arthrotaxis dabei, die selaginellengeschmückte,
Mit dem Schleppengewand, dem brokat'nen, spitzen=
gezierten —
Wenn Lepidoptera euch, die Herrn Cavaliere, um=
gaukeln!
Majestätisch allein thronst du, o Königin! Hoheit
Krönet das fürstliche Haupt hoch oben in reineren
Sphären

Wellingtonia dir, vom Geschlechte der Cunninghameen!
Strebet empor, die berufen ihr seid! Nicht rollet der Zeiten
Eilendes Rad zurück, doch zermalmt's unaufhaltsamen Fluges
All' das niedre Gesträuppe des fortschritthemmenden Dünkels.
Aber im Moder gebettet geheimnißbergenden Urwalds
Rüstet sich immer von Neuem der Keim aufsprossenden Lebens.
Klagt drum, o klaget mir nicht, ihr Schwestern Thuja, Biota,
Du auch, göttliches Kind, du den Musen geweihter Cypressus!
Koche dein Zaubertränklein, Juniperus — keiner Medea,
Nimmer der dreigestaltigen Hekate weiter bedarf es,
Jugendkraft zu verleih'n auf's Neue dem alten Anchises.
Leben athmet der Hain; immer neu sich verjüngendes Leben
Strömt im würzigen Duft der Gymnospermen dem Forscher
Durch die ganze Natur, und er trinkt's in volleren Zügen,
Lebt und schaut, und dem helleren Aug' offenbart sich die Gottheit
Als allwaltende Mutter im ewigen Tempel der Isis.
Also flüstert' es ernst durch das Taxus-Gebüsch, und die Freunde
Wandeln zurück durch's Thal in die gastlich winkende Halle.

4. Osiris bei Rübezahl.

(Epistel aus der Peterbaude, 1864.)

———

Ueber den Plan fortschreitend, der lang zur Koppe
sich hinzieht,
Immer wegab, durch wild ineinander gewachsenes Knie-
holz
Seh' ich ein Blatt hertreiben im Wind und ich lese
die Aufschrift
Deutlich geschrieben an mich: Osiris salve mundane!
Sei mein Gast drei Tage hindurch, ich erwarte dich
oben,
Offen steht mein Schloß für dich im Gipfel der Koppe;
Unterschrieben am Rand: Dein Freund, der Beherrscher
der Bergwelt.
Just war's Donnerstag, der Tag von Osiris und
Isis.
Topp, das nehmen wir an. Und rüstigen Schrittes
hinauf ward
Immer kürzer der Pfad und wilder bald das Gerölle;
Bald verließ ich des Wegs philisterhaft tändelndes
Zickzack.
Mächtige Felsen umthürmten die Bahn, bis ein riesiger
Felsblock
Nahe dem Gipfel ein Hinderniß bot für ferneren
Aufgang.
„Immer herein, mein Freund!" So erklang eine
Stimme von Innen.
Gähnend öffnete sich der Berg; ich schritt in die Höhle,
Nacht umfing die Blicke mir. Bald erhellte der
Gang sich

Wie von magischem Licht erleuchtet, und ruhigen
Schrittes
Groß und hehr von Gestalt entgegen trat mir der
Berggeist.
„Sei willkommen im Reiche der urgebärenden Schöpfung!
Mög' es gefallen dir drei Tag' im heimischen Berg=
schloß.
„Lang' schon war ich dir Freund — doch sprich mir
nicht von der Isis,
„Diesmal wenigstens nicht, denn ich mag die Weiber
nicht leiden,
„Die im Wahne, den Geist zu erfassen, die Geister
verbannen,
„Bei der Sybilla cumaea den Thee empirischer Weis=
heit
„Schlürfend, der Männer Verein mit scheelem Auge
betrachten."
Sprach's und schlug an den Fels, daß dröhnend weit=
hin der Berg klang.
— — Nebel umlagerte rings das Land. Von blen=
dender Weiße
Licht, nur Licht umfloß den Blick, nach Oben und
Unten
Ringsumher nur Licht. Es ballte sich, thaute her=
nieder,
Krystallisirt' und fügt' sich zusammen und bildete
Massen,
Die in Schichten sich legten und Gneiß und Schiefer=
gesteine
Bildeten, bis von Neuem ein Donnergepolter erhob
sich;
Berstend fuhr der Boden empor; aus gähnenden
Schlünden

Quoll' der Granit in körnigem Fluß; es wölbten sich
Berge.
Weiter hinauf von Innen heraus nach drängte der
Brei sich,
Schnell zum Stein sich erhärtend, die obere Schaale
zerberstend,
Also, daß rings umher der Boden mit Trümmern
bedeckt ward.
„Freund, so pfleg' ich zu bau'n und bedarf nicht Mörtel
noch Richtscheit,
„Pflanze mir meinen Garten dabei, wie Lenné und
Poscharsky
Keinen schöneren schaffen, gieb Acht!" Und es rührten
sich Keime
Tausendfältiger Art in dem Humus, der nun die Berge
Da und dort bekleidete; sprießend trieb es von Innen
Außen hinauf, wohlthätig erwärmt und durch Quellen
getränkt auch.
Bräutlich bekränzte sich rings der Boden, zur Rechten
und Linken;
Pinus Pumilio, umsäumt von Juncus pilosus,
Nardus stricta, dazwischen hindurch Agrostis alpina,
Luzula, Potentilla und Anemone alpina,
Orchys, Inula auch, Gentiana asklepiadea,
Primula minima, Poa und Alopecurus pratensis
Schmückten die Wies' am Fichtengebüsch und der liebliche
Thymus.
Neues Leben begann sich zu regen im Gras', in den
Büschen,
Unter den Wurzeln, in grün aufschwellenden duftigen
Moose,
Spinnen, Gewürm und Käfer und leicht hinschwebende
Falter.

Zwischen den Felsen hervor entschlüpfte die murmelnde
Quelle,
Wie im kindlichen Spiel sich zu andern Schwestern
gesellend.
Als ein silbernes Band durchzog der plätschernde
Waldbach
Hüpfend von Stein zu Stein die würzig duftende
Wiese;
Munter hinab und herauf darin rothpunktirte Forellen
Trieben ihr Spiel und es spiegelten sich dahin eilende
Wolken
In den Wellen und warfen in's Land gewaltige
Schatten
Majestätischen Zuges in unabsehbare Ferne,
Wo der Himmel küßt die blaue schimmernde Erde — —
Fern herauf ertönt' das melodische Läuten der Heerden —
Sprachlos stand ich und staunend, die herrliche
Gegend betrachtend —
Griff zum Apparat und wollte sie photographiren —
Düster runzelte jetzt die gewaltige Stirne der Berggeist.
„Freund, laß ab, noch nicht. Drei Tage mußt du
mir schenken,
„Daß ich dir Gastfreundschaft gewähr', du hast es
gelobt ja,
„Harre nun aus bei mir, noch hast du nicht Alles
gesehen."

5. Die Verschwörung im photographischen Laboratorium.

(Aus der Zeit der Daguerreotypie.)

Gewitterschwül der Abend brach herein,
Ermattend, wie des Mittags Sonnenschein,
Der sengend war von seinem höchsten Bogen
Zwei Tagereisen erst herabgezogen.
Kein Blättchen regte sich, in dumpfem Brüten
Lag rings der Boden, lechzend wie die Luft,
Und wirre Träume gaukelten im Duft
Der üppig wuchernden Hollunderblüthen.
   Durch's off'ne Fenster schauten die herein.
Da standen rings Mixturen aller Sorten
Und wie zum Destilliren Arzenei'n,
Langhalsige Phiolen und Retorten.
Dort auch ein heller, dort ein dunkler Saft,
Still bergend tief geheimnißvolle Kraft,
Dort eine Reihe Kruken, roth wie Blut,
Am Stöpsel wohl versiegelt und verschlossen,
Die funkelten, wie wenn Rubinengluth
Ein Flammenmeer durch finstre Nacht ergossen.
Mit großer schwarzer dickgemalter Schrift
Stand da und dort an diesen Gläsern: „Gift“!
Daneben wohl ein schwarzes Kreuzelein
Mit einem Schädel und mit Todtenbein;
Auch sah man wunderliche Zeichen dran,
Wie sie der Alchymist nur lesen kann,
Und wie für die Kabbala in der Nacht
Des Zaubrers Hirn sie brütend hat erdacht.
Das Stundenglas mit abgelaufnem Sand

Es zeigte still nur mitternächt'ge Stunde;
Das Chronometer, das daneben stand,
Schlug rastlos hell Secunde um Secunde.
Der lange Tisch mit Flaschen allerhand
Barg Fach an Fach an jener schwarzen Wand
Und trug der wunderlichen Dinge viel
In buntem und chaotischem Gewühl.
Maschinen gab es da gar mancherlei,
Dran waren Messingrohre fest geschraubt,
Und große Räder standen ihrer drei,
Mit rothem Pulver waren die bestaubt.
Was birgt wohl jener große düstre Schrein
Noch Räthselhaftes hinter seinen Thüren?
Was deutet droben die Figur von Stein,
Die immer muß zur schwarzen Decke stieren?
Ha, da erblickst du Worte inhaltschwer,
Behalte sie, du sei'st auch immer Wer:
„Nicht Kunst und Wissenschaft allein,
„Geduld will bei dem Werke sein!" —
Mit Hexentrödel, altem Zauberkram,
An den kein Alltagsmenschenhirn gedenkt,
Sind toll und voll und wirr und wundersam
Die schwarzen Wände ringsumher behängt.
In jener Ecke das Skelett bewacht
Mit hohlem Auge diese Hexennacht —
Es mögen ohne düstres Grausen nimmer
Die Blicke schweifen durch das schwarze Zimmer.
    So herrscht ein dumpfes unheilvolles Schweigen.
Es preßt den Odem eine Centnerlast;
Erstickend werden diese Dünste fast,
Die jenen Zauberflaschen dort entsteigen.
Ha, da erfüllt sich dieses Spukgemach
Still, doch behende ringsum allgemach

Mit Geisterwesen, luftig, duftig, mächtig,
Mit Hauchgestalten, schwarz und mitternächtig.
Das sind die Geister aller dieser Schaalen,
Der Büchsen, Gläser, Flaschen, Kruken, Röhren,
Kein Hemmniß mag den Leichtbeschwingten wehren,
Und sollt' es auch der Flaschenhals bezahlen.
Hervor, hervor, hervor! Es thut ja Noth,
Du mandelsüßes Gift, du herber Tod,
Hervor du Aethergeist, du Geist des Weins!
Ha, heute seid ihr Zwei und Eins ist Keins!
Hervor ihr Andern alle! — Wie das quillt,
Wie's durcheinander wogt und deutungsschwer
Hoch auf und nieder wallt, ein grollend Meer,
Und ringsumher den schwarzen Raum erfüllt!
    Im Höllenstein das Silber also sprach:
Ihr wißt, was hier uns All' zusammenführt —
So thut es mir, ihr Andern, wacker nach
Und straft den Photographen, wie's gebührt!
Plagt er uns nicht das ganze Leben lang
Und weiß es uns zuletzt nicht einmal Dank;
Hat er's versehn bei irgend einer Sache,
So übt er sicherlich an uns die Rache.
Bis heute trugen wir auch in Geduld
In solchen Fällen immerdar die Schuld —
Ich hab' gelitten, wie ein rechter Mann
In Feu'r= und Wassersnoth nur leiden kann!
Was nun ersinnt der böse Mensch mit mir?
Auf's Neue quält er und ersäuft mich schier,
Nimmt mir mein treues Weib — mit der Jodine
Vermählt er mich, mit meiner Stief=Cousine,
Setzt unbarmherzig mich an's helle Licht —
Dahin ist meine Kraft — mit Eisen wieder
Fällt er zu Pulver meine matten Glieder!
Das ist zu viel, ich trag' es länger nicht!

Wir sind hier Geister aller Elemente,
Befehden sonst uns gegenseitig gern,
Doch treten wir zusammen sana mente,
Zu züchtigen den stolzen Erdenherrn!
Die Rache soll uns unsre Qual versüßen;
Erzittre du, du sollst uns büßen, büßen!

Darauf das Jod: Mit veilchenblauem Dampfe
Zieh ich euch kühn voran zum harten Kampfe!
Wie des Prometheus Geier rächen wir,
Mein Bruder Brom und ich uns nach Gebühr.
Wir lassen uns geduldig sublimiren,
Mit Alkohol und Wasser digeriren —
Er soll uns mischen, wie es ihm gefällt —
Dann mag er zittern, wenn vereinte Stärke
Das gift'ge Brüderpar zusammenhält!
Wir handeln schon, nun schreitet ihr zum Werke!

Quecksilber spricht: Ich armer Teufel muß,
Wenn er mich kocht, ihm selber noch erzählen,
Wie heiß mir sei; es ist ihm Hochgenuß,
Den ganzen Tag hindurch mich abzuquälen.
Doch Trotz geboten mit Beharrlichkeit —
Ich nage mich gemach durch sein Gebein!
Der Peiniger — es kommt der Rache Zeit —
Muß noch des eignen Knechtes Sklave sein!

So Aethergeist und Weingeist darnach sprechen:
Was hilft es uns, wenn wir den Photographen
Und allen Chemikern die Hälse brechen,
Wir bleiben ewig dennoch ihre Sklaven.
Das ist mir eine Zunft! Den Krug zerschlagen,
Weil euch der Wein darin nicht mag behagen,
Schmach wäre das für urerschaff'ne Geister!
Das Werk müßt ihr verderben, nicht den Meister!
Giebt's Futter brav, so ziehn gewaltig schnelle
Gar muntre junge Brut die Alten groß!

Seid ihr vor Allem erst das Böse los,
Die Bösen fahren hinterdrein zur Hölle.
  Spricht Schießbaumwolle: Hei, da habt ihr Recht,
Nur tapfer drauf, wir geben nicht Pardon,
Kein Waffenbruder dünke uns zu schlecht,
Und wär' es just der Teufel in Person!
  Ha, wohlgesprochen, Freund, das Wasser spricht,
Und die Kam'radschaft ist so übel nicht.
Folgt meinem Rathe: Kämpfet nie allein,
Müßt euch auch mit Verwandtem nicht verbünden,
Doch thut ihr's, so muß Einer bei euch sein,
Den nicht so bald der Meister mag ergründen.
Mit kriegerischer List wird in der Welt
Das Große von dem Kleinen oft gefällt,
Will sich das stolze Große mit dem Kleinen
Zu wack'rer That nicht brüderlich vereinen.
Gesellt euch immerhin das Kleine zu,
Das Unbedeutende, das Niemand kümmert,
Man sieht es nicht, weil es nicht strahlt noch flimmert,
Man neidet's nicht und läßt es euch in Ruh.
Da seht die Myriaden Weltatome —
Ein jedes birgt geheimnißvolle Kraft;
Wenn die am rechten Orte wirkt und schafft,
Wird zum Thrannen wohl der kleine Gnome.
Die ziehn mit uns, und von den Burschen allen
Wirbt jeder sich Gefährten nach Gefallen.
Ist dies geschehn, vereinen wir die Schaaren
Und trotzen Todesnoth und Kriegsgefahren;
Zur Hülfe stehn uns Truppen stets bereit,
Wohin wir schauen — selbst des Tages Licht
Verhöhnt den Hexenmeister in's Gesicht.
  So bleiben wir vereinigt alle Zeit,
Ein Wort, ein Mann! So schallt es in die Runde.
Jach zuckt ein falber Blitz durch das Gemach,

Der Donner rollt und rollet Krach auf Krach,
Wie Weihe zu dem finstern Geisterbunde.
Ein scharfer Regen rauscht herab mit Macht,
Die Wolken fliegen durch die schwarze Nacht,
Der Sturm wirft klirrend zu das gelbe Fenster —
Und stumm zerrinnen Dünste und Gespenster.

6. „Sein", oder „nicht sein"?

Kritische Speculation.

Wenn Kant in der Philosophie des transscenden-
talen Idealismus diese Frage als beantwortet hinstellt,
so möchten wir dennoch zu bedenken geben, ob seine
Prämissen so umfassend sind, als man wohl anzu-
nehmen geneigt ist; ob es nicht vielmehr noch andere
Consequenzen giebt, die sich aus einer etwas erweiterten
Basis für die Speculation bequem herleiten lassen.

Was ist „Sein"? Einmal: „Sein" ist die ideale
Abstraction eines als real gedachten, zu einer rationalen
Integrität berufenen Etwas. Zum andern Male:
„Sein" ist die rationale Abstraction eines objectiven
Begriffs einer Realität, die einer als subjectiv ge-
dachten rationalen Objectivität zugehört.

Ist nun ein Subject oder ein als subjectiv betrachtetes Object in seiner concreten, von seiner absoluten Realität der Objectivität nicht zu trennenden
Objectivität und in seiner kritisch=rationalen Totalität
und relativen kosmischen Integrität in seinen Bezieh-
ungen auf ein Object oder ein als objectiv betrachtetes
Subject, dessen objectiver Begriff in seiner Realität

ohne jede ideale Abstraction, also zugleich in seinem absoluten Indifferentismus und ohne alle Reflexion auf seine kritisch-rationale Totalität und relative kos= mische Integrität seine transscendentale Basis hat, als relative Partialität seiner individuellen Totalität, zu= gleich auch als integrirende Individualität seiner absolut realen und idealen individuellen Integrität gedacht, so zwar, daß seine objective transscendal=idealistische Capacität speculativer Abstraction aufgeht in der summarischen Reflexion seiner individuellen, sowohl rational=objectiv comprehensibeln, als auch irrational= subjectiv incomprehensibeln concreten Realität, so ist allerdings das Sein, es muß demzufolge das Sein sein, aber es ist ein anderes Sein, es ist ein Sein= sein, ein Sein im Objecte und im Subjecte, das Subject ist im Objecte, und als solches betrachten wir das Subject als ein Sein sein sollendes, aber kein Sein seiendes Sein, vielmehr wird es ein Seinsein sein, nämlich ein Seinsein des Objects, welches als Ursein das Sein als sein — vermöge seines Seinseins — umschließt, und, weil es zugleich objectives und subjectives rationales Sein im Sein= sein sein muß, jede speculative transscendental= ideale Reflexion über „Nichtsein" ausschließt.

Somit hätten wir das nächste Mal über „Nicht= seinsein" weiter zu speculiren.

De virtutum in bibendo progressu.

Dissertatio inauguralis capitolina.

I.

Quoniam lebimus in Erda, ubi humores vel Feuchtigkeititates in continuo circulo Lebam atque sanitatem bedingunt, nobis naturae curiosis praecipue curandum est ne Erdae Feuchtigkeititates negligantur neve verschwindant ut in Mondo, ubi mare humorum aliaque maria omnia, nescio quo modo, nachundnachiter in lauteros Steinos verwandlebantur. Trinkere müssimus et iterum trinkere, nam postea schwitzimus ex partibus diversis, tum humor verdampfit, ex quo Wolkae ascendunt, quae deinde Erdam pluviis befeuchtunt, ut Gersta malzanda, Hopfenus lupulus atque Weinstockius nobilis wachsant et blühant, quorum denique humorem in Biero vel in Weino iterum nobis esse trinkendum sofortiter einleuchtit.

Aqua simplice et Gersta, Hopfenus atque Weinstockius, sive illae Pflanzae, quae Bierum ac Weinum gebunt; et Ochsi, sive illae bestiae, quae Beefsteaka gebunt, sed nunquam Menschi post diluvium delectantur. Nonnunquam Schnapsus getrunkitur. Mehercle! Nonnullos Schnapsos, in quibus Rum, Aracum atque Cogniacum, etiam Sliwowitzum, praecipue Kümmelum dopplum, deinde gentem ingentem illorum Bitterorum omnium non vergessendos esse confiteor; sed übergehimus breviter Eigenschaftitates Schnapsorum; sunt persaepe fuselosi, itaque minus empfehlendi. Gedenkimus ex iis tantum Ri et Araci, quorum

unum Schillerus divinus in Punschliedo suo ver-
ewigavit. Si tamen ex mixturis aquosis ulla sit
beachtenswertha, dubito an Punschum Schillerianum
primum omnium bevorzugam; sumus enim ange-
nehmi Schweronoethri erga schoeneriorem Geschlech-
tem, cuius amabilissimas tanquam Damenpunschum
optime zuckeratum non perhorrescere gaudemus. —
Ex infusis unius tantummodo intimo cetera omnia
omittere mihi liceat! Nam infusum Coffeae nigrum
in Machina paratum mihi non Getränkum zechendi,
sed amoena conversatio liquida in Maginis conser-
vationem videtur. Ne Coffeam longissimam alt-
weiberianam neve Theam Chamomillae atque Lindae,
neve Warmbierum, neve Buttermilcham ziehamus
in contemplationem; de Nothwendigkeitibus, de
Gustibus non est disputandum. Nos a pueritia
trinkere solemus, quippe qui jam in prima Kneipa
nostra mammali in Milcha digniter consumenda
optime erudiremur! Trinkamus igitur, quamdiu
Durstus ex Welta non est extinctus! Trinkamus!
Nostra enim Getränka famosissime experta sunt
Weinum et Bierum, quorum divinam ac regiam
originem nemo nescit.

Pocula vero Menschorum alia sunt, quam
Blumenkelchi, ex quibus Pflanzae Thauum Aurorae,
alia quam Pfützae, ex quibus Ochsi fontem Ban-
dusiae nippere solent. Nos utimur Humpis, Och-
sorum Hörneribus, Kuffis et Seidelibus, Töppchenis
et Krügelibus, etiam Schoppis aliisque Vasibus et
Glasibus in unzähligis Gestaltibus et Grössibus, ex
diversis materialibus constructis, nonnunquam summo
cum Geschmacko exornatis. Quum autem Zechsteino
ipso non commutato in poculis fabricandis rarissime
uti soleamus, aechtum Zechendi Zeitalterum pro

aechtis Zecheribus vix angebrochenum esse puto. Nihilominus virtus Trinkendi vel Zechendi a senatu, a patribus et conscriptis, a fratribus heiligis et unheiligis, breviter a plurimis Menschis fortiter tractatur.

II.

Primum Schluckum ex Glase, id quod Blumam nennimus, plerumque bringimus vel steigimus Nachbaro nostro familiari; in Festlichkeititatibus, Zweckessibus, aliis gratis Personis aut rebus

in prima Stimmungia dignissima
et festiva

libatio suprema offertur. Tum de Stoffi qualitate judicatur. Kopfius criticans sive verticaliter cum: „m, m, est est —" sive horizontaliter cum: „n, n, pah' —" pagodisirit, quod invisibilis Gastwirthus belauschere tendit. Situatio Menschi post primum Trunkum videtur mihi quasi victoris; perforata Sahlleista primi Glasis, Schanza prima expugnata est. In Augenblicko antea, Stoffi jucunditatem idealem desiderium, in postero realem satietas quaedam nobis affirmat. Kurzus Augenblickus tranquillitatis, contemplationis; sed tantummodo unus, nam satietas parva verduftit iu secundo; novum desiderium resurgit; sequitur novus Trunkus, atque idem iterum et iterum vice versa, in semper kürzeribus Intervallis, cum semper diminuta contemplatione; denique nonnullos Trunkos Menschus trinkit, non quia desiderium, sed quia animus eum drängit. Officielli Toasti nunc debent esse peracti.

Etiam cantus symphonicus receptmässicus. Omnes adhuc mirabili Todesverachtungia eum sungaverunt usque ad finem. Legerunt quoque, ubi carmen sit impressum.

Post nonnullas freias Ovationes

Stimmungia angeheiterta

beginnit. Nunc haud amplius Trinkere schmeckit nisi cum Liederibus, et quo späterior Toastus in virgines, quo liberior.

„Wer nicht liebt Wein, Weib und Gesang,
„Der bleibt ein Narr sein Leben lang."

Dr. L.

Non raro in tali himmlischo Momento animus animam pulcherrimam gefundit, aut Philemon cum Baucide amatissima in abseito Plätzulo, dulcissimo Stündulo schäferico fruebatur. Spieli Pfänderorum, posteaque Lipparum rosarum in his angeheitertis Momentis divertunt atque delectant. Sunt quorundam iocosae Zärtlichkeititates valde kühneriores, quam in andris Zeitis, etiam erga Damas älteriores et minime iocosas. Quae inter se conspirant et diversis Blickis seitwärtsgerichtitis illum

Spitzum habere consentiunt.

„Quo me, Bacche, rapis, tui
„Plenum, quae nemora aut quos agor in specus
„Velox mente nova?"

Hor. Od. III., 25.

Totus Menschus est lustigus. Ganza Welta huic Kladderadatschi Kopfus, sed in wackeligo Zustando, videtur. Stoffus fit semper flüssigior, poculum semper kleinerius, Durstus autem wachsit in geometrica progressione. Hoc est momentum divi-

num. cuius memoria Trinkerum summo erfüllit
gaudio — Zollus quisque in eo nunc est Philoso-
phus — aufhörit Trinkere, quod Zechere beginnit.
„Tantummodo unum centrum habet Welta, hoc
sum ego —" id est Uebersetzatio illius magni Be-
wusstseinis, womito totam Urkraftam totius Weltae
in Aderibus suis rollere fühlit. Nimirum quoque;
quam ob causam Kopfi Hintertheilus (hic iacet
differentia Jovis Otricolensis, cui frons prorsum
urgebat) — Kopfi Hintertheilus continuiter fit
dickerior, schwerior, eumque ziehere vult semper
retrorsum. Alii omnes, Zechero ipso excepto, vident
et timent periculum Gleichgewichti Weltae, quod
impendet, sed factum constat:

Haarbeutelum habet,

aut, in nostris diebus, sit verbo venia: „Chignon"
habet. Liceat; attamen faveatis, puellae!

„Du spartest, dächt' ich, solche Sprüche,
„Hier witterr's nach der Hexenküche,
„Nach einer längst vergangnen Zeit."
Göthe's Faust, II.

In Gleichgewichtum herstellendum Stoffus iterum
et iterum renovatur et multiplicatur. Qui omnes
Eigenschaftes verlierere scheinit quas antea habuerat:
Farbam, nam apparet lucidus; Geschmackum, nam
sapit inscio; Feuchtigkeititatem, nam minus löschit
quam incendit; Schweram, nam steigit semper in
Höham — totus Zustandus est Verwandlationis mira-
bilis! Zecherus non amplius sibi ipsi zechit sed
alicuius Daemonis commodo, qui in Eigenschaftitate
Aftermietheri in illius partibus capitolinis insedit.
Quod fühlit Zecherus mehro et mehro, sed istum

gewinnit quo lieberiorem, quo saepius et quo magis
eum novo Trunko delectat. Fühlit eum springere
in Capitolio atque saltare; haschere eum vult, sed
non potest; in continuis saltis händibus suis ent-
weichit. Aliis autem einleuchtit:

Sibi Affum gekaufit!

„Der Affe, der den Haufen Gold erblicket
„Und den die Langeweile drücket,
„Sinnt sich gar bald ein Spielchen aus . . . .“
Der Affe und der Geizige.

Hic, Geschwindigkeititate affali notissima, fit
tanto grösserior, robustior, quanto Platzus in Zecheri
Leibo kleinior et bedrängtior; quam ob rem omnia
Rumpelia et Möbula nihilonutzia ex logiamento
in freiam Atmosphaeram herausgefuhrwerktuntur.
Freia Atmosphaera, o quae mollis pneuma! Quae
wohlthuosa Kühlungia! Sed iam in wenigis Minutis
Daemon in Leibo neuerdingsiter se schwingere, se
hebere atque se drehere beginnit, et in novo continuo teuflico Tanzo ex Kopfo Zecheri in profun-
dum — in Bauchum — et iterum ex Baucho in
altum — in Kopfum — sese taliter verrennit,
ut denique ex Mundo Zecheri longissimus Affen-
schwanzus apparet — Nordwindus stürmit —
Kopfus Hutum verlierit — tota Welta in circulo
se drehit et omnia Dinga se drehunt et vorbeio
kommunt, wobei oftiter anstossunt, quia nunquam
ex Wego gehunt; — Laternae et Sternae longos
Schattos ziehunt cum Bäumibus et in Wegis tiefos
schwarzos Quergrabos grabunt, ut Menschus ver-
nünfticus stilliter daherkommens hineinfallere debeat
— juxta Wegum rechtso et linkso weissi Fratzi
et homunculi sitzunt, Gesichteres schneidunt, hin-

undhero zeigunt, tanquam etiam still bleibunt seque
momentaniter in Prellsteinos verwandlunt, qui in
Zickzackum spielunt et tanzunt — circum Mondum
heruntergrinsentem weissae Wolkae gespenstioiter
jagunt — lachunt — tanzunt — herunterkommunt,
totam Weltam verfinstrunt —; Hausus — Hausus
— ubi — ? — Puto — hic esse — — Hausthüram,
Haus — thüram — Lochum — schlüsselicum —
nondum perforatum ha ha ha — ab — Schlossero —
schafskopfico — schafs — kopfico — — Schlüsselus
— Hausschlüsselus — — Ubi — ? — Futsch! —
— — Dic mihi, amice, quid sit?

Knill est!

„So fanden ihn am andern Tag die Priester
„Am Fußgestell der Isis ausgestreckt . . . ."
Schiller: Das verschleierte Bild zu Sais.

Postridie, studia analytica et critica de Miseria
felium.

～～～～

8. Osiris-Weihnachtsbescheerung.

(Fibel.)

Der Auerhahn pflegt gern zu balzen.
Die Auster braucht man nicht zu salzen.

Bieressig schmeckt nicht wie Burgunder.
Das Birkenreis wirkt oftmals Wunder.

Der Cacadu weiß nicht, wohin.
Der Cactus muß oft einsam blühn.

Ducaten wird durch Fleiß erworben.
Die Dronte hat sich ausgestorben.

Die Eisenbahn verschneit im Winter.
Der Eisbär frißt die eig'nen Kinder.

Die Feige wächst oft um die Ohren.
Den Flöhen ist der Tod geschworen.

Gorilla geht in Wäldern reisen.
In Pest darf man Giraffen speisen.

Das Hühnchen pickt sich aus dem Ei.
Das Hähnchen frägt, wann Hochzeit sei?

Der Ibis war vor Zeiten heilig,
Frau Isabella gegentheilig.

Der Käse giebt gar süßen Duft.
Die Karbenkörnchen machen Luft.

Der Lindwurm war ein arger Schlemmer.
Der Luchs braucht keinen Nasenklemmer.

Die Mumie ist ein Schreckensbild.
Der Maurer mauert pflichterfüllt.

Nachtwächter singt bei finstrer Nacht;
Die Nachtigal es auch so macht.

Der Ochs ist größer, wie gewöhnlich.
Der Orang-Utang sieht sich ähnlich.

Pfahlbauer baut sich an im Schilfe.
Der Küster ist des Pfarrers Hilfe.

Aus altem Quark wird junger Käs.
Quart war ein Viertel-Trinkgefäß.

Rhinoceros hat dickes Fell.
Rhabarber wirkt oft ziemlich schnell.

Die Schnecke kriecht, wo sie nicht soll.
Das Schnapsglas thut dem Wandrer wohl.

Strychnin muß meistens man vermeiden.
Der Stiefelknecht lebt still bescheiden.

Der Taschendieb durchstöbert eilig.
Der Tabak ist in Oestreich heilig.

Der Uhu ist ein nächtlich Thier.
Urahnen hat der edle Stier.

Die Venus gehet auf und unter.
Vom Vogelnest fällt man herunter.

Waldteufel brummt im Contrabasse.
Die Würmer zieht man aus der Nase.

Vergeßt mir ja in keiner Fibel
X, Y! Das wär' nicht übel!

Die Zeit verrinnt wie Sand am Meer.
Des Zirkels Viereck find't man schwer!

9. Recept zur Anlegung von Spargelbeeten

nebst Zubehör,

für Leute, die gern Huhn-Potage essen mögen.

————

Es wird ein Graben von ¾ Ellen Tiefe und ⁵/₄ Ellen Breite ausgegraben; darein 8 Zoll Kuh=dünger gebracht; dieser mit der darunter befindlichen Erde einen Spatenstich tief gut durcheinander gegraben und gemengt; diese Schicht geebnet

und darauf eine Lage von Krebsschwänzen und Krebsnasen von 4 Zoll Stärke, ferner darüber von lebendigen·Krebsen und ungesalzener Butter eine Schicht von 5 Zoll Mächtigkeit ausgebreitet.

Hierauf steckt man in der Mitte des Beetes Stäbchen in Zwischenräumen von 1¼ Ellen aus=einander ein; an diese Stäbchen macht man Häuschen von der außen liegenden Erde

und von kleinen Klössen, wie man sie zur Krebsnasen-Füllung zu verwenden pflegt. Auch etwas solche Füllung seitwärts gestrichen, mit Zucker und Zimmet wohl durcheinander gemengt,

ungefähr wie große Maulwurfshaufen; darauf werden

junge Möhren, junge Schoten, junger Kohlrabi, nebst Pfeffer, Salz, und von Spargel immer

zwei Pflanzen so gesetzt, daß die Wurzeln sich um

den Haufen herumlegen. Die Wurzeln bedeckt man hierauf 3 Zoll hoch mit Erde

und Morchel-Saamen,

füllt in die Zwischenräume noch etwas Kuhdünger

und je 10—12 Hühnereier, streut 3 Zoll weissen gestossenen Zucker darüber

und ebnet das Beet dann mit Erde, aber so, daß diese nur 1 Zoll über die Triebe zu liegen kommt;

das Ganze übergiesst man reichlich mit saurer Sahne und Bouillon, was man mit gutem Erfolge alle Morgen und Abende wiederholt. Man lasse nun dann und wann Hühner darauf umherlaufen.

Im nächsten Jahre überschüttet man das Beet ¼ Elle hoch mit guter nahrhafter Erde, im zweiten ebenfalls wieder 8—10 Zoll hoch, hält aber immer die Mitte des Beetes höher als den Rand. Will man mehrere Beete anlegen, so läßt man allemal ½ Elle Zwischenraum für die Wege;

und in diese setzt man die Schüsseln und Töpfe, in welchen dann alle Morgen Potage in reichlicher Quantität anzutreffen ist, so dass man sie stets nur auszuleeren braucht; je öfter man ausleert, desto schneller füllen sich die Gefässe wieder von Neuem.

Die Beete sehen dann so aus: